# 생각반란

프롤로그

모든 것에는
전략적인
접근이
필요하다

## 모든 것에는 전략적인 접근이 필요하다

"평생 장애를 안고 살아야 한다는 말씀입니까?"

스무 살, 꽃다운 청춘에 내 인생은 끝났다고 생각했다. 이제 막 사회로 나가 내 꿈을 펼치기 위해 몸부림쳐도 모자랄 판에 교통사고를 당했던 거다.

처음엔 크게 부러진 곳 없고 외상치료 하면서 안정을 취하면 될 거라 생각했다. 하지만 시간이 지날수록 무릎이 너무나 아파왔다.

일상생활은 물론 걷기조차 힘들어질 무렵, 병원 생활을 1년이나 했음에도 불구하고 파열된 무릎 연골판이 소생되지 않아 인공관절을 달아야 한다는 결론이 나왔다. 인공관절을 달아도 평생 노인처럼 제대로 걷지 못하면서 살아야 한다고 했다.

어차피 이렇게 살 거, 나는 인공관절 수술을 받지 않았다.

그때부터였던 것 같다. 나와의 처절한 싸움이 시작된 것이.

뭔 책 내용이 암울한 내용부터 시작하냐고 이상하게 볼 수도 있겠다. 하지만 황금기부터 불운과 불행으로 얼룩진 내 인생을 바꿔보기 위한 몸부림이 어떻게 진화하고 어떤 결과를 내었는지 말하고 싶기 때문에 적어본다.

그렇다고 나 잘난 이야기를 하자는 것이 아니다. 세상엔 얼마나 신박하고 멋진 스토리가 많은데, 나처럼 평범하다 못해 루저에서 조금 성장한 내 이야기가 당신의 눈과 머리를 띵~하게 만들겠는가.

나는 우여곡절이 많은 사람이지 천재도, 전문가도 아니다. 나는 돈을 벌기 위해 용기를 냈던 사람이지, 뛰어난 사업가가 아니다.

그럼에도 불구하고 나만의 우여곡절이, 나만의 경험이, 나만의 위태로움이 가난에서 벗어나게 만들었고, 그것을 통해 인생에도 전략이 필요하다는 것을 알게 되었다. 그때부터 '희망'이라는 놈이 보이기 시작했다.

누구나 각자의 상황과 현실은 다르겠지만 모든 것에는 전략이 필요하고 전술적으로 접근해야 한다. 어려운 말로 들리나? 그럼 다르게 표현해 보겠다.

보통의 사람들은 자신만의 약점, 벽을 가지고 있다. 태어난 환경부터 결핍이 있을 수 있고, 성격, 재능, 외모가 약점일 수도 있다.

각자의 결핍을 가지고 있는 약자들은 우월한 종자를 갖춘 강자와의 대결에서 이길 수 있는 '다윗의 전략'을 찾고 장착해야 한다. '다윗과 골리앗'을 고대 성경 속 이야기로만 여기는 것이 아닌, 약점과 결핍이 장점이 될 수 있다는 '반란'을 경험해봐야 한다는 것이다.

나는 모든 것에 활용되는 전략적 접근을 '생각반란'이라 칭하고, 그 이야기를 이 책에서 풀어보고자 한다.

평생 장애를 안고 살아가야 할 청년이, 주위 사람들을 쉽게 믿어 수많은 사기를 당했던 아저씨가, 150만 원으로 시작된 사업이 연 매출 50억을 넘어 500억의 자산 가치를 돌파하게 한 장본인으로 성장하게 만든 그 전략을 담아보겠다는 거다.

돈이 전부는 아니다. 하지만 반드시 필요하다. 돈이 있어야 자유로워질 수 있기 때문이다. 돈이 있어야 자신감이 생기기 때문이다. 이런 내 말이 불편한가.

불편하게 들리더라도 어쩔 수 없다. 이것을 부정하는 사람이라면 빨리 이 책을 덮기 바란다. 괜히 시간 낭비할 필요 없다.

친구들은 내가 사업 아이템과 시기가 잘 맞아 돈을 번 경우라고 생각한다. 운이 좋아 잘 된 거라 생각한다. 인정하고 싶지 않아서일 것이다. 그래서 과거 성과보다 더 높은 성과를 만드는 것이 목표가 되었다. 500억의 자산 가치를 3,000억의 가치로 만들겠다고 결심한 이유다. 그렇게 해야만 그들이 나의 노력과 열정을 인정해줄 것 같기 때문이다.

자, 이제부터 '생각반란'을 통해 당신만의 달란트를 발견하고 시대의 흐름에 맞춰 기회를 잡으며, 3,000억을 목표로 나와 함께 나아가 보길 바란다.

지금
당신은
즐길 준비 되었는가.

그럼
시작이다.

프롤로그  모든 것에는 전략적인 접근이 필요하다

## 1장 인생은 세일즈다

| | |
|---|---|
| 500원이 내게 알려준 것 | 15 |
| 오만이 날 해외로 이끌었다 | 23 |
| 진정 사업이 하고 싶어졌다 | 31 |
| 인생은 세일즈다 | 41 |

## 2장 고기를 서비스로 드립니다

| | |
|---|---|
| 당신, 미친거 아냐? | 51 |
| 돈 한 푼 없는 알거지 | 57 |
| 돌아갈 결심 | 65 |
| 고기를 서비스로 드립니다 | 71 |
| 1등 아니면 꼴찌 | 79 |

| 재능은 없지만 용기는 있습니다 | 93 |
| 목이 쉬어야 그때부터 풀립니다 | 107 |
| 포기하는 순간, 게임은 끝난다 | 113 |
| 질투의 화신 | 121 |
| 위기는 또 다른 기회 | 129 |
| 마지막에 웃는 자 | 139 |

| 1조 8천억 원을 어떻게 쓰시겠습니까? | 147 |
| 투게더를 꿈꾸는 이광연 | 153 |
| 나의 마지막 친구, 메디프리 | 165 |
| 자신의 능력을 만날 시간 | 171 |

에필로그　　생각반란

# 1장

# 인생은 세일즈다

# 500원이 내게 알려 준 것

"시작이 초라하면 뭐 어때?"

지금의 '초등학교'를 '국민학교'라 불렀던 시절. 나는 국민학교 5학년 때부터 돈을 벌기 시작했다. 집안 형편이 어려워서가 아니라 빨리 독립하고 싶은 마음이 컸고, 그러려면 돈을 벌어야 한다고 생각했기 때문이다.

수업이 끝나면 친구들과 뛰어놀지 않고 석간신문 배달을 했다. 쪼그만 아이가 자기 몸집만 하게 신문을 자전거 뒤에 가득 싣고 매일 골목골목을 열심히 누볐다. 힘든 것보다는 돈을 벌 수 있다는 것이 마냥 신나고 즐거웠다.

그러다 하루는 버스정류장에서 한 아저씨가 날 불러 세웠다. 신문 하나 달라고 하신다. 어른 말씀은 무조건 들어야 한다고 생각한 나는 순순히 신문 한 부를 아저씨에게 주었다. 아저씨는 나를 한번 쳐다보시더니 500원을 내 손에 쥐어주셨다.

그날, 신문지국에 들어가 함께 일하시는 분들에게 500원 받은 이야기를 하니 엄청 웃으시면서 그냥 가지면 된다고 하셨다. 그 당시 신문값이 얼마나 했는지 잘 기억나진 않지만, 아마도 그때의 신문값보다 큰 돈을 받았던 것 같다.

신문 배달을 하다 보면 비 오는 날이 진짜 힘들다. 그렇다고 비 오는 날만 배달을 안 할 수 없지 않은가. 어린 나이에 쉬고 싶은 날도 있었고, 뭔가 방법을 찾아야겠다고 생각했던 나는 500원이 내게 좋은 아이디어를 줬다.

큰 돈은 아니어도 지금 현재, 내가 할 수 있는 것 중에 시간

대비 효율성 높은 방법으로 돈을 벌 수 있는 방법.

신문사들은 정기구독 외에 일반구매 부수가 매일 다르고 또한 많이 판매해야 하기 때문에 항상 2배로 인쇄한다. 그래서 신문지국에 남는 신문이 꽤 있었고, 날짜가 지나면 그걸 자체 폐기한다. 나는 아르바이트를 하고 있으니까 매일 남는 신문을 가져가도 뭐라 하시지 않았다.

신문 배달을 그만두고 지국에 있는 신문을 공짜로 가져와 길거리에서 팔기 시작했다. 하기 싫은 날은 하지 않아도 되고, 가끔은 친구들과 놀아도 되며, 내가 노력한 만큼의 결과가 나오는 돈벌이.

이것이 내 인생에 있어 첫 사업, 아니 첫 장사였다.

누군가는 내게 어렸을 때부터 수완이 좋았네~라고 말할 수 있다. 칭찬으로 받아들이겠다.

하지만 난 그렇게 생각하지 않는다. 아마도 특히 아버지 영향을 많이 받아서 이렇게 성장한 거라 말하고 싶다.

사업을 시작하든, 회사를 운영하든, 뭔가 이루고자 하는 목표가 정해지면 무작정 앞만 보고 나아가는 것이 아니라 여러 방법을 고민하고 실행해 본다. 그런 다음에 가장 최적의 루트를 찾고 행동으로 옮겼다.

다시 말하면 경험에서 우러나오는 노하우도 있겠지만 그것보다는 가장 쉬우면서도 확실한 방법을 찾는다는 거다.

예를 들면, 현재 운영하고 있는 회사를 있게 만든 발효기의 탄생 비화를 말해보겠다.

그 당시, 현미를 발효시키기 위해 필요한 발효기를 사기엔 돈이 부족했다. 그래서 아버지는 스스로 발효기를 만들기로 결심하셨다.

택시 운전도 하시고 카센터도 운영하셨던 아버지는 새로운 것에 관심을 두고 시도하는 것에 두려움이 없으셨고, 만들고 개발하는 것을 좋아하셨다. 그리고 무엇이든 뚝딱뚝딱 잘 만드셨다.

누가 버린 영업용 냉장고를 가져와 일정하게 온도를 유지하기 위해 온도계가 달려 있는 전원공급장치와 히터를 연결해서 만든, 조금은 엉성하지만 그럴싸하게 만들어진 발효기가 바로 『경신바이오』의 시작이 된 것이다.

시작은 초라할 수 있다.
미약할 수 있다.

하지만 어떠랴.

두려움 따위 때문에
시도마저 하지 않는 것보다는

초라한 시작이라도
맞이하는 것이 훨씬 낫다.

또 아는가.
끝은 창대해질지.

## 오만이 날 해외로 이끌었다

"일이 안 풀릴 때도, 일이 잘 될 때도 취해 있으면 위험하다."

이제 스물한 살. 예기치 못한 교통사고를 당하고 병원 생활을 1년 가까이 하고 있어도 남들에겐 그저 평범한 생활, 걷고 뛰고, 이런 정상적인 생활을 하지 못한다는 판정이 나왔을 때 눈앞이 깜깜했다.

하루하루, 무의미한 시간만 흘러갔다. 그러면서 병원 생활에 적응하고 무뎌져만 가는 나 자신이 무서워졌다.

상황은 벌어졌고, 그렇다고 평생 이렇게만 살 순 없었기에 뭔가 방법을 찾아야만 했다.

하지만 병원에 있으면 좋은 점도 있었다. 제시간에 영양에 맞춘 밥이 나왔고, TV를 원 없이 볼 수 있으며, 무엇보다 시간이 많다는 거였다. 시간이 많다는 것은 어떤 분야든 그것에 전념할 수 있는 가장 기본적인 환경을 갖추고 있다는 것이니까 좋은 쪽으로만 생각하기로 했다.

'그래, 무엇이든 배우고 도전할 수 있다고 생각하자. 이 시간은 분명 나에게 좋은 계기를 만들어 줄 거다.'

난 그 시간을 어떻게 활용할지에
포커스를 맞췄다.

그리고 무작정 책을 읽기 시작했다.

어떤 것에 관심 있고,
어떤 것이 비전 있는지를 모르니
나름의 방법을 찾은 거였다.

주식에 관심이 생겼다. 현대사회에서 가장 보편적이면서도 복잡하고 어려운 재테크의 한 방법. 하지만 주식으로 돈을 벌어야겠다는 생각보다 주식이 뭔지부터 시작해, 경제흐름을 읽을 수 있는 지점까지 가보고 싶었기 때문이다.

그때 시중에 나왔던 주식 관련 모든 책을 읽었다. 여러 작가가 표현하고 말하고 싶은 것들을 분석하여 내 것으로 만들기 위해 노력했던 거다.

그 노력의 결과는 실로 대단했다.

책을 읽고 나름의 공부를 하다 보니 관심 있는 기업의 주식을 조금씩 사게 되고, 팔아도 보고, 시험 삼아 해보았던 것이 처음으로 큰 돈을 벌게 되었던 거다.

역시 신은 고난과 고통만 주지 않는다. 그것을 넘고 이기기 위한 지혜와 지식도 준다. 능력을 깨닫게 해주신다. 난 주식투자의 천재라고 생각했다. 어리석게도 자신감이란 놈이 날 취하게 만들었던 것이다.

아니, 자만이란 놈이 날 취하게 만들었다.

영화를 보면 늘 자만하다가 주인공을 얕잡아보고 패배하는 사람들이 있다. 가끔 주인공도 자신의 능력을 믿고 호되게 당하기도 한다. 이건 비단 영화나 소설 속 이야기만은 아니다.

노력은 날 배반하지 않는다. 기회를 만들어준다. 그래서 나의 노력으로, 주식투자라는 기회를 잡은 거라 생각했다. 이렇게만 간다면 곧 부자가 될 줄 알았다. 부자가 되면 내 무릎 고통도, 병원 생활도 안녕이라고 생각했던 것이다.

현재 프렌차이즈 업계에서 백종원님의 '더본코리아'가 유명하지만 이보다 먼저 망한 가게도 살려내며 미다스의 손으로 불리는 '장사의 달인', 그가 운영하고 있는 '해리코리아'가 전국을 휩쓸고 있을 때였다. 해리코리아를 이끌고 있는 젊은 CEO는 나에게 있어 우상이었다. 해리피아, 비어캐빈, 유객주 등 해리코리아가 런칭한 브랜드 매장이 전국에 생겼고, 어릴 때부터 사업을 하고 싶었던 나에겐 좋은 자극이면서 롤모델이었던 거다.

주식으로 번 돈으로 '제2의 해리코리아'처럼 프랜차이즈 사업을 하겠다고 결심한 나는 무모하지만 해외로 나가 좋은 아이템을 찾기로 했다. 주식투자가 아닌 나에게 투자하기로 한 것이다. 돌이켜 보면 굉장히 어설픈 계획들이었지만 친구들을 모아놓고 사업계획을 말하기도 하고, 성인이 되면 나와 함께 일해보겠다는 친구들도 꽤 있을 만큼 그때는 진지했다.

'그래, 나도 프랜차이즈 사업을 해보겠어. 해외로 나가서 괜찮은 아이템을 찾아보는 거야.'

어떤 종류의 프랜차이즈 사업을 할지 정하지도 않은 채, 3년 계획을 세웠다. 우리나라보다 앞선 선진국에서 1년을 보내고, 그 다음엔 개발도상국 1년, 중국 6개월, 일본 6개월. 이렇게 총 3년 동안 주식으로 돈을 벌면서 최대한 다양한 문화를 경험하고 넓은 시야를 갖춰 한국에 돌아와 그것을 바탕으로 멋지게 사업을 하겠다.

그렇게 부푼 꿈을 안고 영국행 비행기에 몸을 실었다.

남들은 경솔한 행동이라고 충고할 수 있다. 누구는 과도한 자신감이라고 말할 수 있다. 근데 뭐 어떠랴. 한국사람은 약간 용감한 면이 있지 않은가. 그리고 이때 아니면 언제 나에게 투자할 수 있겠는가.

지금이 아니면
영영 못 할 수 있다는 생각에
과감해지기로 했다.

## 진정 사업이 하고 싶어졌다

"기화란 놈은 새로운 문제에 직면했을 때
다가온다."

영국에서의 생활은 그렇게 녹록지 않았다. 아니, 유럽 어디서든 동양인이었던 나를 반가워하질 않았다.

지금이야 K-컬쳐라고 해서 드라마도, 음식도, 문화 콘텐츠도 세계에서 인정하고 열광하지만, 그때는 그런 시절이 아니었으니까. 넌 뭔데 여길 지나다니고 있어? 라고 무시하는 눈빛으로 쳐다보는 사람들. 맞을 뻔한 적도 있었고 칼을 들고 따라와 위협한 적도 있었다. 그때는 정말이지 많이 무서웠다.

1년이 지나고 필리핀으로 갔다. 그런데 필리핀 사람들은 친절하고 아름다웠으며 무엇보다 나를 대하는 태도가 너무나 좋았다. 어찌 보면 무시당하면서 유럽에서 지냈기 때문에 그들의 친절함이 날 매혹시켰을지도 모르겠다.

좋은 점은 이뿐만이 아니었다.

추운 겨울이 없는 나라여서 그런지 일단 무릎이 아프질 않았고, 몸이 아프지 않으니 살 것 같았다. 모든 것이 이렇게 좋은데 어떻게 필리핀이라는 나라를 사랑하지 않을 수 있겠는가. 여기서 살아도 좋겠다고 생각했다.

그때부터였다. 두 번째 불행이 점점 나에게 다가오기 시작했던 것이다.

주식 천재라고 여겼던 자신감이 사실은 오만한 자만심이었다는 것을 알게 된 순간.

난 그저 주식장이 좋았을 때 운이 좋아 수익이 난 거지 결코 천재가 아니었던 거다. 전체적으로 주식시장이 하락하자 손실이 나기 시작했다. 벌어둔 돈은 떨어지고 손해까지 나자 나에겐 오기만이 남았다. 한국으로 돌아갈 수 있었지만, 자존심이 허락하질 않았다. 어떻게든 3년 계획의 끝을 봐야겠다고 결심했다.

먹고 살기 위해 가이드 일을 시작했지만, 가이드 일은 나와 맞지 않았다.

난 남을 속이고 이득을 취하는 것을 극도로 싫어한다. 착한 놈 코스프레 하면서 잘해주는 척 하다가 뒤로는 남을 이용해 먹는 사람들을 보면 증오한다.

가이드 일이라는 게 어쩔 수 없이 손님에게 바가지를 씌워야만 수입이 생기는 시스템이다. 예를 들면 국내 여행사가 싼 가격 패키지로 고객을 모집하고, 오히려 현지 여행사에서 웃돈을 주고 그 고객을 받는다. 그러니 어떻게든 옵션 관광과 쇼핑매출을 발생시켜야 살아남을 수 있다.

가이드는 공항에서 고객을 픽업할 때부터 그럴싸한 멘트로 옵

션 관광을 하게 하고, 2개 이상 쇼핑센터도 둘러보게 해야 한다. 좋은 제품을 싼 가격에 판다고 혹하게 만들고, 그러다 보면 40만 원 하는 라텍스를 200만 원에 사는 시스템.

일주일 만에 그만두었다. 사람들을 속여 이득을 취하고 싶지 않았기 때문이다.

'차라리 내가 여행사가 되어보자. 나를 만나 행복하고 아름다운 여행을 하고 그것이 입소문을 타면 날 찾는 고객이 생길 거다.'

비행기 티켓 구매부터 숙박, 여행 스케줄까지 모두 투명하고 적정한 가격으로 고객을 만났다.

일이라 생각 안 하고 고객 한 명, 한 명에게 성실하게 안내하며 필리핀의 아름다움을 보여주려 노력했다. 그래서였을까. 자유여행 가이드는 생각보다 꽤 잘 됐다. 직원을 두고 할 만큼 승승장구했다.

일반 손님보다는 단체 여행 위주로 영업을 했고, 특히 남자 손님들이 날 동생처럼, 형처럼, 친구처럼 대해주며 하루 일정이 끝난 후에도 함께 하기를 원했다.

필리핀 야시장에도 가고, 술도 마시러 다니고, 뭐랄까 가이드가 아니라 같이 여행 온 사이, 혹은 그들이 나를 대접하는 느낌? 재미난 일을 경험해보고픈 마음에 나한테 잘 보이려고 노력하는 느낌까지 받았다.

지인들과 여행 와서 돈도 벌고 있는 것처럼 재미있었지만 재미란 놈은 금세 흥미가 떨어지는 법이다.

어떤 일을 하는 동안 흥미가 떨어진다는 것은 단순히 일자리가 지루하다는 것만을 의미하는 건 아닐 것이다. 일의 목적과 가치를 되새겨 보기 위해 스스로에게 질문해 보기로 했다.

내가 하는 일이 신나고 재미있는데 왜 나는 즐겁지 않을까?

내가 일하는 이유가 뭐지?

어디서 보람과 성취감을 찾으면 될까?

일상적이고 반복적인 업무에 지친 것이라면 이를 극복하기 위해 도전적인 목표를 설정해보면 도움이 될 수 있다.

일에 대한 스트레스나 지침으로 인한 것이라면 죄책감 없이 쉬어보는 것도 좋겠다.

무엇이 원인인지를 알아야 하고, 충분히 분석한 후 결론을 내려야 한다. 해결방법은 그 뒤에 생각해도 된다.

맞다.

나는 이 일을 통해 보람이나 성취감을 느끼지 못하고 있었던 거였다. 어쩌면 조금은 하찮은 일이라고 생각했던 것 같다. '제2의 해리코리아'를 꿈꾸고 넘어온 곳인데, 여행 가이드를 하고 있으니 그럴 만도 했다.

남들은 가이드 일을 하면서 사람들 비위를 맞춰야 하기 때문에 자존심 상하지 않냐고 질문할 수 있다. 하지만 난 그렇게 생각하지 않는다.

나는 목적을 이루기 위해서는 수단과 방법을 가리지 않아야 한다고 생각한다. 목표와 꿈을 이루기 위해서는 자존심 따윈 필요 없다고 생각한다. 실천하지 않고 우물쭈물 시간만 허비하는 것이 오히려 자존심에 스크래치를 남기는 거라 믿고 있다.

진정한 사업이 하고 싶어졌다.

무역이란 세계에 호기심이 생기면서 필리핀에는 많이 있고, 한국에서 수요가 있는 것을 찾아 팔아봐야겠다고 생각했다.

처음 이곳에 왔을 때의 마음으로 무장하면서 필리핀이라는 나라에 대해 다시 공부하기로 했다.

"처음이라는 말처럼 설레는 단어가 있을까요? 첫 울음, 첫 눈, 첫 만남, 첫 데이트, 첫 키스, 첫 방송."

영화 '라디오스타'에서 주인공 박중훈 씨가 지방 라디오 DJ로 처음 방송을 시작하면서 했던 멘트. 일상적인 단어에 '처음'이라는 수식어가 붙으니 듣기만 해도 싱그럽다.

분명 처음은 설렌다.

나 역시 설레기 시작했다. 흥분되기 시작했다. 뭔가 살아있는 느낌을 받기 시작했다.

# 인생은 세일즈다

"당신과 내가 이 책을 통해 만난 것도 세일즈다."

인생은 세일즈라고 생각한다. 태어나서 죽을 때까지 자신이 가진 것(물건이든, 서비스든, 역할이든, 기회든)을 바탕으로 상대방을 설득하고, 이해시켜서 자신이 원하는 것을 얻기 때문이다.

지금의 와이프를 만난 것도 당연히 세일즈였다. 여자를 만남에 있어 나의 매력을 어필하고 관심을 갖게 만들어야 비로소 썸을 타기 시작할 수 있는 거니까. 내 것을 내줘야 한다. 결혼도 마찬가지고 부모 자식 관계도 그렇다. 무엇을 내주고, 무엇을 얻을 것인지를 잘 판단해야 한다는 뜻이다. 세일즈는 물건을 사고팔 때만 필요한 것이 아니다.

난 외모가 훌륭한 것도, 그렇다고 언변이 뛰어난 놈도 아니다. 하지만 어렸을 때부터 내가 좋아하는 아이와 친구가 되기 위해 전략적으로 접근했다. 그래서 모두 쉽게 사귀게 되었던 것인지도 모른다.

외동아들이어서, 부모님이 모두 일하시느라 항상 혼자여서, 그 외로움을 극복하기 위해 세일즈의 원리를 좀 일찍 터득했다고 말하고 싶다.

필리핀에 왔어도 영어공부는 꾸준히 해야 했기에 대학교 학생 매점이나 구내식당 기둥에 'WANTED English Tutor' 전단지를 붙였다. 생각보다 반응은 좋았다.

면접도 봤다. 그래서 10명의 여성 선생님과 수업이 시작됐다. 한 선생님한테 배우면 그 선생님의 발음이나 스타일로만 배울 수 있다고 생각해서 여러 선생님한테 다양하게 배우고 싶었기 때문이다. 그런데 들끓는 청춘이어서 그랬는지, 연인이 되면 더 좋겠다는 생각이 들었고, 바로 실행에 옮겼다.

그런데 단 한 사람, 지금의 와이프한테만 대차게 거절당했던 거다. 수업도 하지 않겠다고 했다. 난 오기가 생겼다.

며칠 뒤에 그녀의 집으로 찾아갔다. 이후로도 매일 찾아갔다. 얼굴도 보여주질 않으니 만나기 위해서는 전략이 필요했다.

와이프가 살고 있는 곳은 동네 사람들 모두가 낮엔 골목에 나와 앉아 있는다. 덥기도 하고 에어컨도 없으며 집이 좁아서일 거다. 동네 사람들과 먼저 친해져야겠다고 생각했다.

3일 만에 그들과 친해졌다. 모두 내 편이 되었던 거다. 매일 찾아오고, 이렇게 친절한데 왜 안 만나주냐, 대화라도 해봐라, 동네 어르신들의 역할이 한몫했다.

힘들게 사귀게 돼서 그런지 와이프한테 애착도 가고, 여자에 대한 안 좋은 편견도 사라졌다고 해야 할까. 그리고 굉장히 지혜로운 여성이었다. 이 여자라면 내 것을 내주어도 좋겠다는 생각이 들었다. 평생 그녀만 바라보며 살아도 되겠다는 생각이 들었다.

결혼한 시점은 주식으로 손해를 보고 변변한 직업도 가지고 있지 않을 때였다. 가지고 있는 돈과 와이프가 모아놓은 쌈짓돈을 합쳐 접시 몇 개, 숟가락 몇 개, 이런 것만 사서 작은 집에서 그렇게 신혼생활을 시작했다.

참으로 미안하고, 미안하고, 또 미안했다. 그래서 생각지도 못한 가이드 일을 하게 된 거다.

지구라는 별에서 81여억 명의 사람 중에 단 하나의 남자와 또 다른 하나의 여자가 부부라는 인연으로 만났는데, 어찌 최선을 다하지 않을 수 있겠는가. 더욱이 난 필리핀 사람도 아니지 않은가. 더 행복하게 잘 살고 있는 모습을 보여줘야 했다. 정신이 번쩍 들었다.

혼자 살아가는 인생에도
견뎌야 할 일이 많다.

하물며 다른 남녀가 만났는데
부딪혀야 하는 일이 얼마나 많겠는가.

부부라는 관계가
단지 다름을 견뎌내야 하는 사이라면
너무나 슬프다.

오히려 견뎌내는 것 이상으로
기쁨을 주고받는 관계가
부부라는 이름으로 주어진 선물이기 때문이다.

역시 부부도 세일즈다.

# 2장
# 고기를 새비스로 드립니다

# 당신, 미친 거 아냐?

"선금으로 100%를 결제해 주셔야 합니다."

처음엔 한국에서 크게 고깃집을 운영하는 친구가 있어 야자숯 샘플을 보내줬다. 친구 말로는 퀄리티가 좋아 일단 자기네 고깃집에서 사용해보자는 제안을 받고 이렇게 무역 아이템을 정한 후 야자숯을 구하기 위해 필리핀 전국을 돌아다녔다.

70년대 당시 노동자로 필리핀에 왔던 한국 사람들 중 정착해 살고 계신 분들은 거의 필리핀 사람으로 동화되어 나보다 이 바닥을 많이 알고 계셨고, 또한 돈에 대한 체감도 나와 달랐다. 예를 들어 난 10% 마진을 생각했다면 그분들은 5%만 남겨도 상관없다고 생각하고 있었던 거다.

'초짜인 나보다 더 많이 알고 가격에서도 경쟁이 안 되니 이분들을 상대해서는 답이 없다. 그럼 나는 뭘 하면 좋을까?'

야자숯을 찾아다니다가 건해삼을 알게 되었다. 일단 건해삼을 파는 나라가 많지 않다. 나는 그 부분이 맘에 들었다.

건해삼은 주로 중식에 사용되는 식재료니까 한국에 있는 중국집에 일일이 전화를 해서 내 건해삼을 살 수 있냐고 물어봤다.

이런 내 열정이 무모해 보였는지 한 중국집 사장님이 건해삼을 취급하는 도매상을 소개해 주셨고, 그 도매상 대표와 어렵게 통화가 되었다.

난 솔직하게 얘기했다. 나는 건해삼에 대해 아는 게 전혀 없다. 그런데 사업 아이템으로 괜찮다는 얘기를 들어서 이제 해보려고 한다. 대표님이 코치를 해주셔야지 내가 시작할 수 있다. 그리고 나는 돈도 없다…

건해삼을 사고 싶은 사람이 물건을 받기 전에 계약금 30% 보내고, 이후 물건을 받으면 잔금 70%를 보내는 시스템. 하지만 이런 시스템을 악용해 계약금을 받으면 물건을 보내지 않고 사라지는 나쁜 놈들, 이런 사기가 많았다.

나는 돈이 없었다. 계약금으로 30%를 받는다 해도 그 돈으로는 물건을 살 수가 없었다. 뭔가 방법을 찾아야만 했다.

당신, 미친 거 아냐?

이렇게 생각할 수도 있지만 한국 도매상 대표에게 나의 아버지를 만나봐라, 아버지는 공직에 계셨던 분이시고, 만나보고 믿을만하면 계약금 30%가 아니라 100% 모두 선금으로 붙여달라. 돈을 보내줘야 그걸 가지고 건해삼을 사서 보낼 수 있다.

나는 너무나 간절했다.

먼 타국에서 전화기 너머 들리는 목소리가 절박하게 들렸던 걸까? 도매상 대표는 나의 아버지를 만나고 헤어지자마자 바로 물건값 전부를 입금해주었다.

아버지에게 너무나 감사했다. OO시청 비서실장을 하셔서 감사한 것이 아니라, 비서실장을 하시면서 단 만 원도 받은 적 없는 청렴하신 아버지여서 감사했다. 훌륭한 인품을 갖추신 아버지여서 감사했다.

아버지 덕분으로, 내 간절함을 믿어준 도매상 대표님 도움으로 나의 무역사업은 그렇게 시작됐다.

절박함, 간절함, 절실함.

삶이라는 전쟁에서
살아남을 수 있는
유일한 마음가짐.

# 돈 한 푼 없는 알거지

"먹잇감으로 보이는 순간,
누구든 사기당할 수 있다."

건해삼을 한국으로 보내고 며칠 지나지 않아 어떻게 알았는지 전국에 있는 건해삼 도매상들한테 메일과 전화가 엄청나게 왔다.

한 달에 10톤씩 주문하겠다는 도매상부터 다들 톤 단위로 구매할 테니 언제 계약할 수 있냐는 연락이었다.

와~ 이제야 내 인생이 피는구나. 여태까지 힘들게 살아왔던 세월이 다 지금을 위한 고생이었다니. 생각지도 못한 히트에 정신을 차릴 수가 없었다.

그런데 문제가 있었다. 내가 아무리 구해봤자 한 달에 100kg도 쉽지가 않았기 때문이다. 전 페이지에서 말했듯이 필리핀에서 건해삼을 공급하는 사람 절반 이상이 사기꾼들이어서 믿을만한 판매자를 만나기가 쉽지 않다.

그러다 믿을만한 건해삼 공급자를 찾게 되었다. 나는 100% 선금을 받으니까 물량 전체를 밀어줘라, 이렇게 해서 대량 주문의 첫 번째 물량을 맞췄다. 하지만 위탁판매로 건해삼을 받아 한국으로 보내면 남는 게 거의 없었다. 물론 마진은 있지만 이 공급자를 100% 신뢰할 수는 없으니까 계속 쫓아다니면서 확인해야 하고, 거래 과정에서 내가 쓰는 돈이 꽤 많았다.

뭐 어찌 됐든 첫 번째 물량을 맞추고 내가 직접 건해삼을 구할 루트를 찾아야겠다고 생각했다. 바닷가 마을을 돌아다니며, 한국으로 말하면 이장 어르신을 만나 배와 자동차, 장비도 다 대줄 테니까 해삼 채집을 해달라, 그리고 채집한 해삼을 건조시켜서 나한테 넘기면 kg당 얼마에 사겠다, 이렇게 딜을 했던 거다.

첫 번째 물량을 맞추기 위해 선금으로 받은 돈 그대로 공급자에게 주고, 다른 루트를 뚫기 위한 운영비, 그것의 선금 등이 필요해서 내가 가진 돈뿐만 아니라 주변 사람들 있는 돈 다 끌어모아 준비했다.

물건이 좋고, 일정만 제대로 맞춰주면 한 달에 몇 톤씩 구매하겠다는데, 그것도 100% 선금을 받고 물건을 보내면 되는데, 아마 당신이라도 그렇게 했을 것이다. 욕심을 냈을 것이다.

**욕심은 나에게
두 번째 불행을
가져다주었다.**

새벽 1시쯤, 한국에서 전화가 왔다. 이런 쓰레기를 어떻게 보내냐고 소리 지르고 난리가 났다. 태어나서 처음으로 이 세상 모든 험한 말을 들은 것 같았다.

난 무슨 상황인지 모르니 확인해보고 전화하겠다는 말만 계속했다.

분명, 제대로, 내 눈으로 확인까지 했는데, 어떻게 된 걸까? 그리고 한국 도매상 대표에게 물건을 사진 찍어서 메일로 보내 이상 없으니 사도 된다고 확인까지 받았는데...

시간을 되돌려 생각해봤다. 준비된 물건을 확인하기 위해 약속한 시각에 공급자가 머물러 있던 콘도에 도착했지만 앞선 미팅이 아직 끝나지 않아 조금만 기다려 달라 해서 2시간을 기다렸다. 그런데 나중에 생각해 보니까 항공 수화물 마감 시간을 넘기기 위해 일부러 그랬던 것 같다.

건해삼 상태를 확인하고 결제한 후에 물건을 한국으로 보내기 위해 같이 공항으로 갔다. 도착하니까 항공 수화물 접수가 마감돼서 다음날 다시 접수해야 했고, 내가 물건을 갖고 있을 순 없으니 필리핀 공급자가 머물고 있던 콘도에 다시 갖다 놓

앉다. 다음날, 아침 9시에 만나기로 했지만 1시간 일찍 도착했다. 마음이 급했으니까.

그런데 건해삼 물건 박스가 반쯤 열려 있었다. 그때 이상함을 캐치하고 다시 확인했어야 했는데, 급한 마음에 빨리 테이핑해서 공항으로 가야 한다고만 생각했던 것이다.

물건은 한국으로 보내졌고, 처음으로 대량 판매를 마친 기념으로 술 한잔하고 있었는데, 새벽에 전화를 받은 거였다.

어떻게 된 건지 확인하기 위해 필리핀 공급자한테 전화를 했는데 받질 않았다. 지금 새벽이니까 안 받을 수 있지, 아침이 되면 연락이 될 거다. 애써 침착하려 했다.

한국 도매상에게서 물건 사진을 메일로 받았다. 사진을 보는 순간, 이건 식재료가 아니라 동물도 먹지 못할 정도였다. 일명 '쓰레기 해삼'이라고 언론에 보도가 될 만큼 심각했다.

3분의 1 정도만 정상적인 건해삼이었고, 3분의 1은 찢어진 해삼을 실로 꿰맨 자국이 그대로 보였으며, 3분의 1은 본드로 붙여져 있었다.

아무리 조심하고, 확인하고 그랬어도 이렇게 사기를 당할 수 있구나, 처음으로 하늘이 무너진다고 표현하는 감정을 경험할 수 있었다.

어쨌든 한국 도매상은 나를 믿고 거래를 한 거고, 사기는 내가 당한 거니까 그분에게는 물건값 전부를 다시 돌려드렸다. 난 사기꾼이 아니니까 당연히 그랬어야 했다.

지푸라기라도 잡아보기 위해 필리핀 교민 사이트(필카페 24)에 하루도 빠지지 않고 글을 올렸다. 와이프는 임신했는데, 연●호라는 사람에게 호되게 사기를 당해 가진 돈 모두 잃어버렸다. 갈 곳도 없다, 어떻게 살아야 할지 앞이 망망하다, 이런 하소연이라도 해야 했다.

그래도 타지에서 한국사람이라는 이유만으로 두부 송송 넣어 김치찌개 끓여줄 테니 와이프랑 함께 자기네 집에서 지내라고 하시는 분도 계셨다. 참으로 감사했다. 얼굴도 모르는 사람에게 이런 호의를 베푼다는 것은 정말이지 고맙고 감사한 일이다.

필리핀 교민 사이트에 계속 글을 올리니까 연●호한테 연락이

왔다. 이런 식으로 자신에 대한 유언비어를 퍼트리면 가만히 안 있겠다는 식으로 나를 협박했고, 지금 내 상황이 당신에게 죽든, 굶어서 죽든 어차피 마찬가지인데 니 맘대로 하라며 오리려 큰 소리를 쳤다.

연●호는 물건으로 줄 테니 글을 당장 내리라고 날 회유했고, 물건이라도 받아야 한다는 생각에 글을 삭제했다. 하지만 물건을 조금씩, 조금씩 어렵게 받다 보니 결국엔 포기하게 되었다. 손해 본 금액의 10% 정도 될까? 마냥 신경 쓰고 기다릴 수만은 없었으니까.

그렇게 내 인생에서 가장 어려운 시절, 돈 한 푼 없는 알거지가 됐을 때, 첫 아이가 태어났다.

## 돌아갈 결심

"두려움에 직면했을 때, 필요한 것은 용기다."

지면을 빌어 말하는 거지만 첫째 아이에게 미안한 감정이 엄청 크다. 사실 그때는 부모님이 여유가 있어서 내가 이러이러한 일을 당해 어렵다고 말하면 분명 도와주셨을 거다.

하지만 내 자존심이 허락하질 않았다.

지금은 목표와 꿈을 이루기 위해서는 자존심 따윈 필요 없다고 생각하는 나지만 그때는 어려서 그랬는지 그깟 알량한 자존심을 지키기 위해 자식을 굶긴 것이 죄책감이 든다. 자식보다 소중한 것이 어디 있다고, 참으로 어리석었다.

와이프는 돈이 없으니 밥을 제대로 못 먹어 젖이 잘 나오지 않았다. 돈이 없으니 분유를 살 수도 없었다. 아빠로서 정말이지 미안했다.

당장이라도 돈을 벌어야 했기에 막노동이라도 해보려 했지만, 하루 일당이 한국 돈으로 치면 7천 원 정도, 그것으로는 우리 가족을 먹여 살릴 순 없었다.

별의별 일을 다 했다. 한국 사람들을 대상으로 막신부름도 하고 운전할 줄 모르는 사람한테 운전 연수도 시켜주며, 닥치는 대로 일을 했던 것이다.

한국은 공인중개사 사무소가 있지만 필리핀은 그런 게 없다. 그래서 집을 구하려면 직접 발품을 팔아야 한다. 예를 들면 의왕시에 집을 사려고 하면 의왕시 곳곳을 둘러보며 집 앞에 붙여진 푯말을 보고 연락하고 흥정도 해야 한다는 것이다.

나는 그들의 발품을 대신 해주기도 했다. 오토바이를 타고 일대를 돌면서 그 사람이 원하는 집 대여섯 곳을 물색하고 후보지가 정해지면 집주인과 딜을 해서 시세보다 조금 싸게 해주고, 이렇게 부동산 거래를 연결해 주었다.

그나마 부동산 중개 일이 제일 큰 돈벌이긴 했지만 우리 형편엔 어림도 없었다. 계속 짜증만 났다. 화만 났다.

그러던 어느 날, 와이프가 옆집에서 쌀을 얻어와 물을 많이 넣고선 오랫동안 끓이고 있었다. 이렇게 끓이면 약간 뿌연 물(전분)이 생기는데, 그것을 식혀서 분유 대신 아이에게 먹이고 있는 모습을 봐버린 거였다.

'이렇게 살아서 뭐하나, 와이프랑 아이랑 같이 죽어야겠다.'

막상 죽으려고 상상만 했는데도 엄청난 공포를 느꼈다. 자살이라는 것은 정말이지 어렵고, 온몸에 소름이 끼칠 만큼 두려웠다. 이것도 독한 사람이나 하는 것이지 웬만한 사람은 죽음의 공포를 이겨내지 못하겠구나, 다시 정신을 차리기 시작했다.

그러다 우연한 기회에 TV에 방영된 다큐멘터리를 통해 한 사람의 이야기를 접하게 되었는데, 그 사람도 나처럼 빚이 많아 하루 1~2시간만 자고 목욕탕에서 일하면서 박스도 주우며, 어떻게든 빚을 갚아가고 있는 인생 스토리였다.

머리를 세게 맞은 느낌이었다. 나보다 나이도 많은 저분도 견디고 헤쳐나가는데, 나는 죽을 생각만 하고 있었던 건가. 나도 한번 그 사람처럼 해보자, 힘들어서 죽나 지금 죽나 마찬가지이지 않은가. 용기란 놈을 쥐어짜서라도 다시 시작해야겠다.



진정한 용기는
가장 어두운 순간에도
빛을 발하는 것이다.

용기는 감정이 아니라
결정인 것이다.

비록 현재는 돈이 없지만, 그전에 해외를 많이 다녀 항공 마일리지가 쌓여 있었다. 그걸로 한국행 비행기를 탈 수 있었지만 나 혼자 한국에 갈 수 있을 만큼의 마일리밖에 안 되었다. 더욱이 첫째 아이는 필리핀에서 태어났기 때문에 한국에 출생신고가 되어 있지 않았고, 돈이 없으니 당연히 여권도, 비자도 만들 수 없었다.

얼마 남지 않은 살림살이를 처분해야 했다. 집기들을 다 팔고 나니 100만 원도 안 되는 돈이 손에 들어왔다. 와이프에게 그 돈을 쥐여주며 조금만 기다리라고, 한국에 가서 돈 벌어 꼭 데리러 오겠다고 약속했다. 어쩔 수 없이 아내와 아이를 필리핀에 남겨둔 채, 나 홀로 떠날 수밖에 없었던 것이다.

해외에 나가 다양한 경험도 하고, 시야를 넓혀 괜찮은 사업 아이템을 찾기 위해 떠났던 청년은 사라지고, 몸도 마음도 너덜너덜해진 만신창이 아저씨만 남았다.

초라한 귀향이었다.

# 고기를 서비스로 드립니다

"전략적으로 접근해야 돌파구가 보인다."

한국에 돌아왔지만 막막하긴 마찬가지였다. 하지만 필리핀에 두고 온 와이프와의 약속을 지켜야 했기에 방구석에 틀어박혀 한가롭게 신세 한탄만 하고 있을 시간이 없었다. 내겐 절망도 사치에 지나지 않았으니까.

뭔가를 해보려고 해도 돈이 필요했고, 쌈짓돈을 만들어야 했기 때문에 물류창고에서 택배 상하차 일을 시작했다. 안 먹고 안 쓰니 일주일 만에 몇십만 원이 생겼다. 이 돈으로 무얼 해야 하루라도 빨리 와이프와 아이를 한국으로 데리고 올 수 있을까, 그 생각만 했다.

어렸을 적 어린이날, 동네 공원에서 아이스크림을 팔았던 기억이 떠올랐다. 그때도 물건 받아온 가격의 4배로 팔아 수익이 좋았었다.

집에서 제일 가까운 수리산을 올랐다. 수리산 중간에는 정자가 있는 넓은 공터가 있는데, 그곳에서 사람들이 잠시 쉬어가곤 한다. 등산객에게 아이스크림도 팔고 막걸리도 팔고, 가지고 온 음식도 먹으며 숨을 고르는 곳.

'남들은 막걸리를 팔면서 오이나 당근을 서비스로 주는데, 나는 고기를 주면 잘 팔리겠다.'

안양 중앙시장에 가서 막걸리와 돼지 머릿고기를 사 왔다. 6,000원어치만 사도 머릿고기의 양은 꽤 됐다.

라면박스에 큼지막한 글자로 '막걸리 3,000원, 고기를 서비스로 드립니다.'라고 적었다. 돼지 머릿고기 서비스는 예상대로 등산객의 마음을 사로잡았다.

이렇게 한 달 만에 직장인 월급 2~3배를 벌었다. 이제 와이프와 아이를 데리러 필리핀으로 가면 된다는 생각에 조금씩 안정되고 있었다. 그렇게 막걸리를 팔아 번 돈으로 필리핀행 비행기에 몸을 실을 수 있게 되었다.

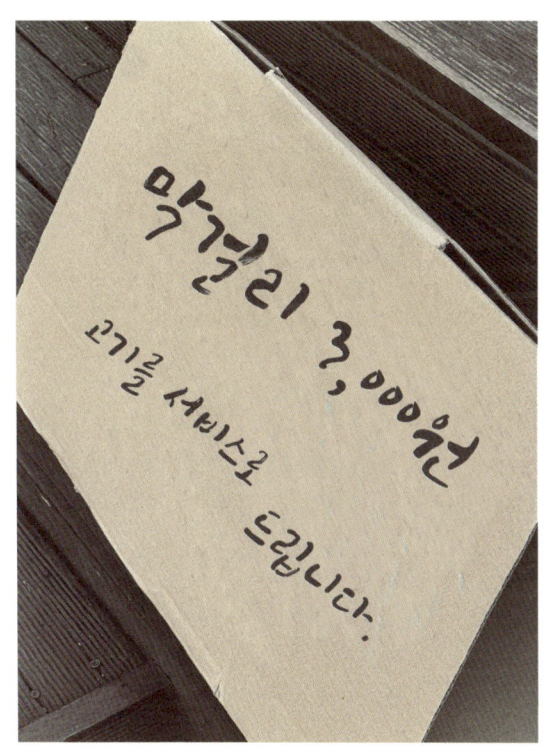

필리핀 공항에서 와이프를 만나는 순간, 너무나 놀랐다. TV에서나 볼 수 있는 아주 가난한 나라 사람처럼 삐쩍 마른 모습의 와이프. 말로 표현할 수 없을 정도로 안쓰러운 모습. 얼마나 힘들었으면 이렇게까지 됐을까...

내가 돌아오지 않을까 봐 걱정했을 것이다. 언제 다시 만날 수 있을지 두려웠을 것이다. 이젠 괜찮다고, 함께 살면서 잘 극복해보자고, 말 대신 뜨겁게 포옹했다.

가족을 데리고 바로 한국으로 돌아가려 했지만 비자 받고 서류 준비하는 것도 만만치 않았다. 한국대사관은 전화 연결이 쉽지 않았고, 찾아가면 담당 직원 쉬는 날, 아니면 창구 하나만 열려 있어서 기다리는 사람들로 공간이 꽉 차 있었다.

차례가 와서 질문을 하면 대답도 안 해주고 두세 줄 적혀있는 메모지만 주며 창구 문을 닫았다. 그렇다고 구구절절하게 쓰여 있는 메모가 아니어서 이해하기가 어려웠다. 이런 젠장, 몇 시간을 기다렸는데, 화가 났다.

지금 같았으면 신문고든 어디든 민원을 넣을 텐데 그 당시에는 그런 제도가 없었다. 어렵게 비자를 받고 임시여권을 만들어 겨우 한국에 들어왔다.

아이 출생 신고도 녹록지 않았다. 사는 곳 시청에서는 안 된다 해서 ◇◇시청으로 갔고, 거기서 준비해와야 할 서류를 알려주었다. 며칠 뒤에 준비된 서류를 가지고 가면 자기네가 잘못 알려줬다고 다른 서류를 가지고 오라 했다. 이제 또 찾아가면 이번에도 이 서류가 아니라고 다시 준비해오라 했다. 강아지 훈련시키는 것도 아닌데 세 번째 갔을 때는 정말이지 너무 화가 났다.

"지금 뭐 하자는 겁니까?"

넓은 ◇◇시청 민원실이 떠나가듯 소리를 질렀다. 그제야 시청 과장이 나를 조용한 곳으로 불러 자초지종을 듣더니, 이런 사례가 처음이라 자기네들도 어떤 서류를 준비해야 할지 모르겠다고 했다. 그러면서 두꺼운 매뉴얼을 가지고 와서 나와 함께 비슷한 사례를 찾아가며 힘들게 출생 신고를 마쳤다.

지금은 다문화 가정도 많고 그렇지만 그때만 해도 외국에서 아이를 낳고 한국에서 출생 신고하는 경우가 아주 드물었던 시대였던 거다.

돈이 없으니 많은 것이 힘들어졌다. 돈이 없으니 겪지 않아도 될 것들이 생기기 시작했다. 돈이 없으니 모든 것이 불편해졌다.

하지만 돈이 없어도 가족은 함께, 같이, 한 공간에서 살아야 한다. 그래야 진정한 가족이고 식구가 되는 거니까.

드디어 우리는 함께 살 수 있게 되었다.

## 1등 아니면 꼴찌

"이끌거나, 따르거나, 아니면 비켜서십시오."

예전에는 돈이 부족하면 안 쓰고 버틸 수 있었지만 결혼하고 처자식이 생기니 매달 고정비가 필요했다. 부모님 집에 살면서 마냥 사업할 생각만 할 순 없으니까 일단 직장을 구해야겠다고 생각했다. 다행히 KT텔레캅에서 일하고 있는 친구 소개로 그곳 본부장님을 만나 면접을 보고 입사하게 되었다.

사업할 생각은 접고 직장생활을 하기로 마음먹고 들어간 곳이기도 하고, KT텔레캅은 공기업에서 운영하는 곳이니 여기서 1등을 해봐야겠다고 생각했다.

나는 어렸을 때부터 1등 아니면 꼴찌였다. 왜 그런지 모르겠지만 중간이 없었다. 친구들하고 놀 때도 대장 노릇을 하거나 아니면 왕따였다. 생각해보면 왕따를 더 많이 당했던 것 같다.

사실 기억은 거의 없지만 옛날 사진을 보면 유별났다고 해야 할까. 다른 아이들은 가만히 앉아서 얌전하게 포즈를 취하고 있는데 나만 유독 재미난 표정에, 튀는 행동으로 사진을 찍었다. 위치도 맨 앞에 있던가 아님, 뒤에서 점프하고 있는 그런 사진들만 있다.

그래도 대장이 됐다는 것은 리더 기질이 있는 거라고 말하는 사람도 있다. 하지만 아니다. 어찌 보면 내 입맛대로 끌고 가길 원했고, 따라와 주는 아이들도 있었지만 시기와 질투 때문인지 종종 따돌림을 당했다.

그래도 상관없었다.

남들이 나를 어떻게 생각할까. 내 모습이 이상하지는 않을까. 살아가면서 타인의 시선이나 생각을 의식하지 않고 살아갈 순 없다. 그렇다고 남을 지나치게 의식하며 살아가는 것은 너무나 피곤하다. 자유롭지 않다.

모든 사람을 만족시키는 것은 절대적으로 불가능한 일이기 때문이다. 그러니 남의 시선에 맞추려고 애쓰기보다는 자신의 강점과 약점을 받아들이는 것이 중요하다고 생각한다. 이제 와 돌이켜보면 나는 리더 기질이 있었던 것이 아니라 자존감이 높았던 것 같다.

자존감과 자존심은 다르다. 그런데도 많은 사람들이 이 감정을 헷갈려 한다.

자존감은 자신을 있는 그대로 인정하고 존중하는 마음으로, 잘하는 것뿐만 아니라 부족한 점도 받아들이면서 스스로 가치 있는 존재라고 느끼는 것이다.

자존감이 높은 사람은 타인의 평가에 쉽게 흔들리지 않고, 자신의 감정과 생각을 존중한다.

반면 자존심은 자신을 보호하고자 하는 방어적인 감정이라고 표현하고 싶다. 주로 타인과의 비교 속에서 형성되기 때문에 다른 사람에게 인정받거나 우월감을 느낄 때 강해지는 경우가 많다. 자존심이 강한 사람은 자신이 틀릴 수 있다는 걸 인정하기 어려워하고, 다른 사람에게 약한 모습을 보이는 걸 극도로 싫어한다.

**어느 조직에 속해있든
1등 아니면 꼴찌,
리더 아니면 외톨이.**

연수원 생활부터 1등을 해야겠다고 결심한 나는 부회장을 하면서 제일 늦게 자고 제일 일찍 일어나는 생활을 매일 했다. 그리고 모든 동기들을 깨우고 집합시키며, 아침마다 구보도 시켰다. 일과가 끝나도 동기들은 모두 잠을 잤지만 나는 조교

들과 다음날 할 것들을 같이 준비했다. 인사 고과 점수는 당연히 제일 높았고, 1등으로 연수원을 졸업할 수 있었다.

고과 점수가 높으니 내가 원하는 지사로 갈 수 있어서 집에서 가장 가까운 안산지사로 발령받았다. 이곳에서도 난 1등을 해야겠다고 생각했다.

KT텔레캅에는 전설적인 선배가 있었다. 뭐랄까. 엄청나게 빠르게 승진도 하고, 누구에게나 존경받는 선배. 일단 그 선배를 롤모델로 삼고, 그분보다 더 빠르게 초고속 승진을 해봐야겠다, 정점을 찍어봐야겠다. 그래서 이 분야에서 가장 전문성 있고 특화된 기계경비지도사 자격증을 취득해야겠다고 다짐했다.

그런데 그 전설적인 선배를 만나게 되었다. 이것저것 궁금한 것이 많았지만, 일단 월급이 어느 정도인지 그것부터 물어봤던 것이다.

그런데 웬걸? 나보다 월급이 적었다. 나는 3교대를 하기 때문에 야근 수당과 주말 수당을 받지만, 그 선배는 본사에서 근무하는 사무직이었기에 호봉체계에 맞춰 월급이 책정되었던 거다. 아무리 날고 기어도 근속기간이 짧으면 이백만 원도 받질 못하는구나. 평생 부모님께 얹혀살 수도 없는데, 10년 정도 이 일을 하면 모를까 그전까진 도저히 먹고 살기 힘들겠다고 판단했다.

어떻게든 방법을 찾아야만 했다.

지금은 그렇게 하진 않지만 그때는 기업들이 자기네 회사 상품을 직원들한테 은근히 영업해오라고 시켰고, 신규 영업을 해오면 몇십만 원이 수당으로 떨어졌다. 월급 외에 더 벌 수 있었다는 뜻이다.

본업 말고 신규 영업을 해오라고 하니 모두들 싫어했지만, 나는 추가로 돈을 벌 수 있는 방법이 생겨 어떻게 하면 잘할 수 있을까를 고민하기 시작했다.

아무한테나 영업활동을 하면 거부감이 들 테니 기존 고객을 대상으로 영업한다면 일단 내 말은 들어줄 거라 판단이 들었다.

전단지를 만들어 쉬는 날에 일부러 회사 유니폼을 입고 사원

증을 걸고서 KT텔레캅 고객을 찾아가 지금 추가 가입하면 어떤 혜택이 있는지 고객 입장에서 얻는 이익 중심으로 설명했다. 이때부터 영업맨으로서의 자신감이 생기기 시작했던 것 같다.

생각보다 영업이 잘됐다. 하지만 문제는 있었다. 사실 빚도 있고 생활도 해야 해서 월급만으로는 부족했던 터라 어쩔 수 없이 부업도 하고 있었다. 아무래도 본업과 영업, 부업까지, 이렇게 여러 개를 하다 보니 내 본연의 업무가 지연되고 다른 팀원들한테 피해가 갔다. 딱히 불만이 나오진 않았지만, 눈치로 날 미워하는 것 같다는 느낌을 받았다.

어느 날, 본부장님이 날 불렀다.

"회사를 그만두던가, 아니면 아르바이트를 그만두던가 해라."

열심히 해도 월급은 뻔하기 때문에 고민하던 차에 이런 말을 들으니 망설임 없이 그 자리에서 그만두겠다고 말했다. 당황한 모습이 역력한 본부장님은 나를 붙잡았지만 내 결단을 꺾을 수는 없었다. 그렇게 회사라는 조직과 이별을 선택했고, 아름다운 이별이라고 생각했다.

나에게 맞지 않는 옷을 입은 것처럼
어색하고 답답했다.

사업을 해야 하는 사람이
직장생활을 한다는 것이
쉽지 않음을 알게 되었다.

각자의 이유로
행복을 찾아 떠나왔지만
결국엔 다시 자신의 자리로 돌아간다.

원래의 위치로 돌아간다.

3장

**재능은
없지만
용기는
있습니다**

# 재능은 없지만 용기는 있습니다

"당신에겐 어떤 무기가 있습니까?"

회사에 다니면서 급발진 사고를 당해 며칠 동안 집에서 쉬고 있을 때였다. 집 거실에 과일상자가 잔뜩 쌓여 있는 게 눈에 띄었다. 분명 한국에 돌아와 부모님과 같이 살아야 했을 때부터 보였을 과일상자가 이제야 눈에 들어온 것이다.

궁금한 마음에 여쭤보니 부모님께서 만든 효소를 먹고 효과를 본 동네 사람들이 고맙다고 답례로 보내온 거라 말씀하셨다.

맞다. 우리 집에는 오래전부터 아버지가 만들어 드셨던 효소가 있었다. 내게도 매번 먹으라고 주셨지만 그까짓 효소가 무슨 도움이 될까 싶어 관심을 두지 않았었다.

그런데 그 효소를 먹은 사람들이 감사의 보답으로 과일상자를 보내왔다니, 그것도 한두 명이 아닌 이렇게 많은 사람이 보내온 걸 보면 효소가 상당히 효과가 있다는 방증이 아닌가.

2000년, 아버지는 공직에서 은퇴하시면서 의왕시 왕송 호숫가에 전원주택을 지으셨고, 시내에서 조금 벗어나 있어 노후를 보내시기엔 안성맞춤이었다. 새집으로 이사한 뒤 얼마 지나지 않아 예기치 않은 소식이 들려왔다. 정기 건강검진에서 어머니가 고지혈증 진단을 받으셨던 것이다.

이해가 되질 않았다. 어머니는 20대부터 지금까지 40kg 내외 한결같은 체중을 유지하고 계셨다. 거기에다가 평소 고기를 즐기지 않는 어머니는 어쩌다 집에서 삼겹살이라도 구우면 고기 냄새를 피해 먼저 자리를 뜨는 사람이다. 그런 어머니가 고지혈증이라니, 선뜻 납득이 되질 않았다.

병원에서도 간혹 그런 케이스가 있다고 하며 별다른 설명을 해주지 않았다. 여기저기서 알아봤더니 평소에 지방 섭취를 하지 않다가 체내에 지방이 들어오면 우리 몸이 지방을 소비하는 대신 혈액 속에 저장한다는 것이었다. 그래서 지방 섭취를 너무 하지 않으면 오히려 고지혈증에 쉽게 걸린다는 것을 알게 되었다.

자연치유와 대체의학에 관심이 많으신 아버지는 그 후로 오랜 시간을 익숙하지 않은 컴퓨터 앞에 앉아 지내셨다. 이유는 딱 하나, 어머니의 고지혈증 치료를 위해서였다. 그리고 마침내 일본의 한 병원에서 현미를 발효시켜 만든 효소로 병을 고친다는 자료를 찾아내셨다. 곧바로 현미강을 이용한 효소 만들기에 돌입하셨다.

벼에서 왕겨라고 하는 겉껍질만 벗겨내면 현미가 된다. '현미강'은 현미를 먹기 좋은 백미로 도정할 때 나오는 쌀겨(미강)를 말한다. 현미가 우리 몸에 좋다는 것은 누구나 잘 알고 있지만 밥맛이 떨어지고 먹기에 불편할 뿐 아니라 소화도 잘 되지 않기 때문에 우리는 한 번 더 도정하여 백미로 만들어 밥을 지어 먹는다. 하지만 쌀의 영양소는 쌀의 눈과 껍질에 거의 다 들어있다.

쌀의 영양소를 100으로 볼 때 쌀눈에 65%, 껍질 30%, 백미에는 5% 정도가 들어있다고 한다. 그런데 도정과정에서 쌀눈과 껍질이 다 벗겨지기 때문에 평소 우리가 먹는 흰 쌀밥엔 당분과 탄수화물만 남아있게 된다.

다행히 우리가 사는 동네는 농약 대신 우렁이를 키워 유기농 쌀을 생산하는 곳이라 손쉽게 질 좋은 현미강을 구할 수 있었다.

현미강으로 만든 효소를 먹고 어머니의 고지혈증이 좋아지긴 했지만 뚜렷하게 차도를 보이진 않았다. 아버지는 더 좋은 효소를 만들기 위해 현미강에 이것저것 다양한 재료를 첨가하여 효소를 만들었다. 인삼, 녹용, 오가피, 칡, 상황버섯 같은 몸에 좋다는 약재는 거의 섭렵하다시피 하여 효소를 만들었던 것이다.

그럼에도 불구하고 기대와는 달리 현미강만 발효시켜 만든 효소보다 오히려 못한 것이 대부분이었다.

현미강 이상의 효과를 지닌 효소 개발에 애쓰던 중 인근에 우리나라 최초의 꽃송이버섯을 재배하는 농장이 생겼다. 효소를 만들 수 있는 재료라면 무엇이든 가리지 않던 아버지에게 꽃송이버섯은 좋은 효소 재료였다.

농장에서 꽃송이버섯을 구해와 현미효소에 첨가하여 발효를 시켰다. 일단 가족들이 먼저 먹어 보았는데 놀라운 결과가 나타났던 것이다.

나는 어릴 적부터 비염을 심하게 앓았다. 맵거나 뜨거운 것만 먹어도 코를 푼 휴지가 산더미처럼 쌓였다. 갑자기 찬바람만 쐬어도 재채기를 연발하는 바람에 머리가 흔들릴 지경이었다.

그런데 꽃송이버섯과 현미강을 섞어 발효시킨 효소를 먹은 지 며칠이 안 되어 코에서 맑은 콧물이 줄줄 흘러나오기 시작했다.

아, 이게 말로만 듣던 호전반응(명현반응)이구나. 호전반응이 생긴 뒤 얼마 가지 않아 정말 신기한 일이 생겼다.

나는 비염 외에도 퇴행성관절염을 앓고 있었다. 20대 초반, 큰 교통사고를 당해 1년 넘게 병원 생활을 하면서 평생 장애를 안고 살아야 하는 불행이 낳은 고질병.

무릎이 아파 정상적인 외부활동이 쉽지 않을 만큼 고생을 했던 나는 발효꽃송이버섯 효소를 먹은 뒤 관절염이 거짓말처럼 나은 것이다.

지금은 누가 봐도 나를 관절염을 앓았던 사람이라 생각하지 않는다. 건강한 사람도 힘들다는 수상스키도 자주 탈만큼 관절에 자신이 있는 나를 누가 관절염을 앓았다고 생각하겠는가.

이 효소를 먹은 뒤로 어머니의 고지혈증도 말끔히 나았고 아버지의 폐결핵도 눈에 띄게 좋아지셨다. 이렇게 우리 가족이 먼저 톡톡히 효과를 본 뒤 가까운 분들과 나눠 먹기 시작한 것이 입소문을 타면서 알음알음 사람들이 찾아오기 시작했던 것이다.

이렇게 효과가 좋다면 아는 사람에게만 팔지 말고 더 많은 사람에게 알리고 팔아보면 좋겠다, 사업적으로 접근해도 괜찮겠다. 나는 기회라고 생각했다.

그런데 내가 가진 돈은 150만 원이 전부였다.

비록 돈은 적었지만 나는 '용기'라는 큰 무기를 갖고 있었다. 남들 눈에는 무모하고 불안해 보였을지라도 목표가 정해지면 어떻게든 방법을 찾고, 그 방법을 행동으로 옮길 수 있는 용기를 장착해 있었던 거다.

그렇기 때문에 장애 판정을 받았을 때도, 필리핀에서 크게 사기를 당했을 때도, 연수원에서 1등을 하기 위해 노력했을 때도, '용기'라는 무기로 내 삶을 개척할 수 있었던 것이다.

요즘 사람들은 쉽게 지치고, 빨리 포기한다. 이렇게 말하니 "당신, 꼰대 아냐?"라고 비판해도 상관없다. 비록 '꼰대'라는 말을 들어도 할 말은 해야겠다.

나 어렸을 적보다 나라가 잘살게 된 것도 있지만 아마 한두 명의 자식만 키우다 보니 힘듦을 모르고 자랐을 세대니까 그럴 수 있다. 그렇다고 해보지도 않고 쉽게 포기하는 사람들의 행동을 나는 정당화하고 싶진 않다.

인생은 그렇게 호락호락하지 않다.

내가 남들보다 특출나게 뛰어나거나 대단한 아이디어가 있는 건 아니지만 반복을 통해 이 분야에서 성장할 수 있었다고 생각한다. 내가 이 일을 10년 이상 반복해 왔으니까 가능했다는 뜻이다.

바꾸어 말하면 10년 이상 한 분야에서 노력하고 열정을 쏟았는데, 이 정도의 궤도에 오르지 못했다면 오히려 그것이 문제라고 생각한다.

지금의 내가 될 수 있었던 것은 많은 실패를 경험했고, 그 실패를 통해 앞으로 나아가기 위해 노력했기 때문이다. 잘될 때까지 포기하지 않았기 때문에 가능한 거라고 표현하는 것이 맞겠다.

나는 재능은 없지만 용기 있는 사람이다.

당신은 어떤 사람인가. 재능만 있고 용기는 없는 사람인가.

아니면 재능도 없으면서 쓰러져도 일어설 수 있는 '용기'란 놈도 없는 사람인가. 재능도 있고, '용기'란 무기도 장착한 사람인가.

잠시 책을 덮고 깊이 사색해보길 바란다.

성공하기 위해 용기를 내라는 것이 아니라

자신의 재능을 찾기 위해 용기를 내라는 것이다.

용기도, 그 용기를 내기 위한 노력도

모두 당신의 재능이 될 테니까.

## 목이 쉬어야 그때부터 팔립니다

"실패해도 경험이 남으니 남는 장사 아닙니까?"

회사를 그만두고 효소를 팔기로 마음 먹었지만 아무것도 갖춰지지 않은 상태였다. 정식으로 식품 허가를 받은 것도 아니었고, 효소를 담아 팔 용기조차 준비되지 않았다. 미리 확보해 놓은 판매처 역시 전무한 상태였다. 가진 것이라곤 제품과 '해보자.'는 배짱뿐이었다.

마트에 가서 음식을 담는 지퍼백을 샀다. 그리고 거기에 효소를 적당히 나누어 담은 뒤 거리로 나섰다. 우리의 제품은 탁월한 효능을 지닌 좋은 상품이긴 했지만 상표도 없고 성분 표시도 없는 건강보조식품, 그렇게 시작했다.

하루에 80곳을 방문했다.

나름대로 영업을 하기 위해 고민하다가 그냥 찾아가면 분명 잡상인 취급을 할 테니 뭔가 그럴싸한 명분이 있어야겠다고 생각했다. 듣기에 공신력 있는 기관에서 나온 느낌이 필요했던 것이다.

'한국건강연구협회'라는 이름으로 사업자등록증을 내고, 먼저 집에서 가까운 가정집이나 가게를 찾아다니며, 닥치는 대로 다양한 시도를 해봤다. 보통 가정집에 초인종을 누르면 대부분 낮에는 사람이 없고, 사람이 있어도 아이들만 있었다.

그래서 '한국건강연구협회'에서 주민 건강상태를 조사하기 위해 나왔다고 하며 설문지를 받고, 이렇게 연락처를 얻어서 데

이터베이스화했다.

장사하는 가게를 방문하면 일단 말 꺼내기가 쉽지가 않았다. 손님 맞을 준비로 바쁜 곳이기도 하고, 또한 나는 잡상인이지 않은가. 그냥 나가라고 내쳐지기 일쑤였다.

그나마 내가 할 수 있는 방법이라고는 가게를 들어가자마자 큰 소리로 "안녕하십니까?" 인사를 하고 빠르게 설명하는 거였다. 상대방에게 말할 겨를을 안 주고 제품에 대해 얘기를 한다. 그리고 내 말이 끝나면 "나가세요."라는 말이 들린다. 그러면 그 가게를 나오는 것이 보통이었다.

이렇게 한 50곳을 방문하면 목이 쉬어서 제대로 말이 나오질 않는다. 그런데 희한하게도 그때부터 제품이 팔리기 시작한다. 사례가 걸려 기침도 나오고 진짜 말도 안 나오는데, 그때 판매가 이뤄진다.

뭐랄까. 젊은 사람이 열심히 산다, 거짓말할 사람 같지는 않다, 그러시면서 사주신다. 아무래도 눈에는 보이지 않지만 내 열정이, 내 진솔함이, 그들에게 진심으로 다가갔던 것 같다.

그리고 자료집을 들고 다녔다. 파일철에 애들과 함께 있는 가족사진부터 제품 설명 카탈로그(그냥 컴퓨터로 제품 효능 정리해서 출력한 것)를 항상 가지고 다녔었는데, 조금이라도 관심 있는 사람이 나타나면 뭐라도 보여줘야 믿을 것 같았기 때문이다. 제발 나를 믿어달라고, 이 제품의 효능을 체험해보라고 호소라도 해야 했다.

이렇게 해서라도 시작해보고 싶었다. 누가 뭐라 해도 나를 믿고 일단 저지르고 싶었다.

중요한 것은 행동으로 옮기는 것. 생각이 생각으로 멈추면 공상이 되지만 행동으로 옮기면 결과를 얻는다. 성공하면 목표를 이루고 실패하면 경험을 얻게 되는 것이다.

자신이 경험한 것보다 더 확실한 것은 없다. 몸소 효과를 체험했으니 다른 사람에게도 자신 있게 권할 수 있었다고 생각한다.

그렇게 발바닥이 아프게 뛰어다녔다.

## 포기하는 순간, 게임은 끝난다

"2년의 시간을 견딘 나를 칭찬합니다."

가족사진과 제품설명서를 가지고 다니면서 일일이 고객을 찾아가고, 관심도 없는 사람들에게 설명하고.

'이렇게 하는 것이 최선일까? 내가 세일즈를 몰라서 헤매는 것은 아닐까?'

힘든 것도 힘든 거지만 이건 아니라는 생각이 들었다. 더 좋은 방법이 있을 거라 믿었던 거다.

공부를 해야겠다. 모르면 책이라도 보고, 전문가에게 도움도 청해야 한다. 내가 뭐라고 섣불리 판매 활동부터 했을까. 아주 잠시 후회를 했다.

영업 관련 책도 읽고 교육기관도 찾아다니며, 마케팅과 온라인 판매에 대해 공부하기 시작했다. 그리고 점차 마케팅 원리와 판매 메커니즘의 놀라운 상관관계에 빠져버릴 수밖에 없었다.

그때부터 부모님이 못마땅해하셨다. 컴퓨터로 강의 듣고, 이것저것 찾아보는 모습이 아마 게임 한다고 생각하셨던 것 같다.

그도 그럴 것이 직장 다니나 싶었는데 몇 개월 만에 그만두고 효소를 팔아보겠다 하고, 몇 달 열심히 방문판매 잘하나 싶었는데 이젠 돈도 안 벌고 밖에 돌아다니기만 하니 말이다. 더군다나 집에 있을 땐 컴퓨터만 보고 있고, 그렇다고 결과를 내는 것도 없으니, 나도 부모님 마음 이해한다.

그래도 영업에 대해 제대로 알고 싶었다. 마케팅의 원리를 알고 나면 판매가 잘 될거라고 생각했기 때문이다.

하지만 처자식이 있는 가장이 매일 놀고 있는 것처럼 보였던 걸까. 부모님은 지출을 줄여야 한다는 이유로 매일 나무를 해오라고 시켰다. 21세기에 산에 가서 나무를 해오다니, 다른 사람들이 들으면 거짓말이라고 할 거다. 그때는 내가 진짜 미웠는지 그렇게라도 밥값하라고 일거리를 주셨다.

낮에는 나무하러 산에 올라가야 했고, 이것저것 부모님 일을 도와드리다 보면 어느새 밤이 된다. 그때부터 온라인 판매와 마케팅 공부를 했다. 매일 없는 시간 쪼개고 잠을 줄여가며 이것저것 해보면서 실력을 키워갔다. 아무리 책을 읽고 교육을 받아도 실전만큼 중요한 것은 없다고 생각한다. 그렇게 2년 동안 준비하고 실력을 키워갔다.

2년 동안 준비하고 실력을 키워갔다는 말은 그 시간 동안 성과가 없었다는 뜻이다. 이제 와서 하는 말이지만 정말이지 너무나 힘든 시간이었다.

월 백만 원 정도의 매출.

내가 지금 방법을 터득하지 못한 거지,
아이템이 좋지 않아 성과가 없는 것은 아니다.


방법을 알게 되면 무조건 성공할 수 있다고
나는 확신한다.

영업을 잘하는 사람들은 무슨 상황이어도
좋은 성과를 올린다.
그러니 나도 노력해야 한다.


어떠한 것도 단기간에 이루어지는 것은 없으니까
분명 나도 잘할 수 있을 거다.
그렇게 나를 믿을 수밖에 없었다.

2년이라는 시간을 보내면서 나에게 힘을 주고, 믿어주며, 버틴 걸 정말 잘한 거라 생각한다. 내 인생에 있어 제일 대단한 것을 이뤄냈다고 생각한다.

웬만한 사람이라면 아마 포기했을 것이다. 더군다나 혼자 몸도 아니고, 가족을 먹여 살려야 하는 처지니까 흔들릴 수밖에 없다. 편의점 아르바이트를 하더라도 월 백만 원 이상은 벌 수 있는 세상이지 않은가.

포기하지 않은 나에게 칭찬을 아끼지 않겠다.

제품을 판매하고 마케팅 공부를 시작한 지 3년이 되면서부터 대박이 나기 시작했다. 마케팅 원리를 알자마자 매출이 10배 이상 뛰었던 거다.

온 세상을 얻은 느낌이랄까. 안 먹고, 안 쓰며, 눈칫밥 먹더라도 어떻게 해서든 버티고, 견뎌낸 나에게 세상이 커다란 선물을 준 것 같았다.

월 매출이 몇천만 원으로 올랐다. 그런데... 경찰 조사가 들어왔다.

'신이시여, 유독 나에게만 가혹하십니까. 선물을 주다가 다시 뺏으면 어찌하란 말입니까. 어디까지 저를 시험하시려고 이런 시련을 주십니까.'

세상이 일순간에 무너졌다.

## 질투의 화신

"자신에게 없다고 시샘해서 되겠습니까."

「세상 사람들은 나보다 나은 사람을 싫어하고, 나에게 아첨하는 자를 좋아한다.」

'소학'에도 이런 글이 있지 않은가. 어쩜 시기와 질투는 우리 인간이 갖고 있는 본성일 수 있다.

이제 온라인 판매와 마케팅 개념을 막 잡기 시작하며 매출이 상승하고 있을 때쯤, 누군가 경찰에 신고를 했다.

집 마당 비닐하우스로 만든 작업실을 청소하고 있었는데, 영화에서 보면 자동차가 커다란 마찰음과 함께 휘리릭~ 돌면서 세워지는 멋진 장면, 그 모습이 눈앞에서 일어났다. 승합차가 주차장에 정차하자마자 문 4개가 동시에 열리더니 검은색 옷을 입은 사람 여러 명이 우르르 내리기 시작했다.

나중에 알게 되었지만 검찰 수사관들이었다.

내가 무슨 말을 꺼내기도 전에 압수수색 영장을 보여주면서 집이며 작업실이며 무언가를 찾는 듯 곳곳을 돌아다녔고, 역 앞에 있는 사무실도 동시에 수색하고 있었다. 무슨 상황인지는 알아야 했기에 아버지께서 수사관 팀장과 대화를 시도했다.

누군가의 신고로 우리 제품을 판매하는 카페 후기를 모두 분석한 수사관들은 '이 후기들은 가짜가 아니라 진짜 리얼 후기다, 이런 효과가 나오려면 강력한 스테로이드 성분이 들어갔을 것이다.' 이렇게 결론을 내리고 불특정 다수의 사람이 자신도 모르게 무허가 성분에 중독될 수 있는 심각한 상황이라고 결론 내린 것 같다.

큰 범죄이니만큼 고객인 척하면서 이미 우리 제품도 구입하고 우리와 통화도 몇 번을 했다고 했다. 자초지종을 듣고는 아버지께서 제품 설명을 하셨고, 이 제품은 좋은 재료를 이용해서 전통방식으로 발효시켜 만든 안전한 식품임을 강조했다. 또한, 사무실이든 집에서든 아무리 뒤져도 뭐 하나 나온 것이 없었다.

추후에 들은 이야기지만 수사 팀장님의 자녀가 아토피가 심했는데, 우리 제품을 먹고선 좋아졌다는 소식도 받았다. 어찌 되었든 간에 압수수색 영장까지 들고 현장조사까지 나왔는데 아무 이상 없이 무혐의로 돌아가게 되면 아무것도 아닌 것에 공권력을 사용했으니 그냥 돌아갈 순 없었을 거다.

그러니 뭐든 결과를 가지고 가야 했고, 불법식품제조로 조사를 마쳤다. 사실 우리가 무허가로 집에서 제품을 만들어서 팔았으니, 불법은 불법이었다.

불법식품제조... 우리는 그런 법이 있는지도 몰랐을뿐더러, 그냥 사업자등록증을 내고 사업을 하면 되는 거라 생각했다. 식품을 제조할 땐 따로 허가를 받아야 한다는 것을 그 당시에는 몰랐던 거다.

무지했다. 내가 경험했던 것처럼, 주변 사람들 건강이 회복됐던 것처럼, 좋은 재료로 좋은 제품 만들어 더 많은 사람들이 건강해졌으면 했던 마음만 앞섰던 거다. 무지함의 결과는 잔혹했다. 이제 막 판매도 잘 되고, 온라인으로 입소문도 타기 시작했는데, 3년 동안 영업을 할 수 없게 되었던 것이다.

나에게 벌어지는 시련엔 악의가 없다.
나를 쓰러뜨리려는 계획도 없었을 것이다.
시련이란 녀석은 내가 걸어가고 있는 이 길 위에서
예전부터 나를 기다리고 있었을지도 모른다.

집 근처에 국내 최초로 꽃송이버섯을 배양하는 농장이 생겼다. 농장을 운영하시는 분은 꽃송이버섯이 워낙 귀하고 좋으니까 대박 나겠다고 생각하셨던 것 같다. 공무원 생활을 퇴직한 후 무작정 농장부터 만들었던 것이다.

아무리 꽃송이버섯이 좋다 한들 판로도 없고, 어떻게 마케팅 해야 하는지도 모른 채 배양만 했으니, 거의 팔지 못했다.

아버지는 같은 공무원 출신인 그분과 친하게 지내셨던 사이였고, 좋은 버섯이니 현미효소에 접목해 볼까 하는 생각에 꽃송이버섯을 넣어 같이 발효시켰다. 효과가 확연히 좋아졌다.

그분 사정이 좋지 않았고, 우리에게도 필요할 것 같아 농장을 인수하게 되었다(사실 그분을 도와줄 생각이 더 컸다). 그렇게 국내 최초의 꽃송이버섯 농장을 인수하면서 제품의 효능은 올라가고 사업은 승승장구했다.

하지만 그분은 농장을 우리에게 팔고 나서 경제적으로 점점 어려워지셨다. 그러다 보니 안 좋은 일에 연루되었던 것 같다. 결국 교도소에 들어가게 되었다. 우리는 망한 농장을 인수해주면서 상황이 어려울 때 생활비도 몇백만 원씩 주기도 했고, 교도소에 있을 때 찾아가 영치금을 넣어주기도 하며, 가족도 돌봐주고 그랬다.

그런데 우리의 승승장구가 그분에게는 배가 아팠을까.

출소를 하면서 꽃송이버섯 농사를 다시 시작했고, 우리 제품 패키지 디자인까지 그대로 똑같이 만들어서 팔기 시작했다. 기분은 나빴지만 먹고 살기 위해 그렇게까지 한다는데, 그래서 아무 말 하지 않았다. 그런데 한두 달 지나서 우리를 찾아와 따지기 시작했다. 우리 제품만 팔리고 자기 제품은 팔리지 않아 우리 때문에 자기가 망했으니 보상하라 하면서...

다시는 우리와 연락하지 않겠다는 각서를 받고 그 사람의 꽃송이버섯 전량을 구입하면서 그 사람과의 인연을 끝낼 수 있었다.

인간은 참으로 어리석다. 인간은 참으로 나약하다. 그리고 인간은 참으로 이기적이다.

그래서 나는 매일 체크한다. 어제보다 현명해지기 위해 노력했는가. 어제보다 강해지기 위해 애썼는가. 어제보다 진솔해지기 위해 최선을 다했는가.

어제보다 나은 이광연이 되고 싶기 때문에 매일 생각하고 체크한다.

## 위기는 또 다른 기회

"당신은 어떻게 준비하고 있습니까."

악몽 같은 3년을 보내고 행정처분이 끝나자마자 법인설립을 진행했다. 제대로 사업을 하기 위해서였다. 다행히 많은 사람들이 우리 제품을 찾기 시작했고, 개중엔 여러 분야의 유명 인사들도 끼어 있었다. 우리 효소를 복용하고 좋은 효과를 본 뒤 본인 사진과 함께 자진해서 추천서를 써주기도 했다. 통풍으로 고생하던 교수이자 작가인 지요하 선생님은 우리 제품을 복용하고 경험한 이야기를 신문 칼럼(신문이나 잡지 따위에서 시사성이 있는 문제나 사회의 관심거리 등에 대해 평한 짧은 기사)으로 쓰시기도 했다. 이 칼럼을 보고 KBS1 '아침마당' 작가한테 연락이 와서 '아침마당'에 출연하게 되었고, 이것을 시작으로 MBC '오늘아침', SBS '모닝와이드' 등 다양한 방송에 출연하게 되었다. 그렇게 조금씩 유명세를 타면서 여러 매스컴에도 소개되었다.

누구나 한 번쯤은 방송이나 언론을 통해 우리 제품에 대해 들어보았을 것이다. 또한, 건강에 관심 있는 분이라면 인터넷상에서 정보를 많이 접했을 것이다. 도대체 무슨 일이 벌어지고 있는 것인지, 자고 일어나니 스타가 되었다는 말처럼 우리 제품이 유명해졌다.

**3장** 재능은 없지만 용기는 있습니다

나는 마케팅에 전념하고, 제조는 아버지께서, 전반적인 운영은 꼼꼼하고 지혜로우신 어머니가 맡으셨다. 이때부터 직원도 고용하며 체계적으로 일을 분담하고 관리했다.

하지만 마케팅 직원을 뽑아 일을 가르치고 나면 얼마 지나지 않아 퇴사하는 경우가 종종 생겼다. 자기가 봤을 때, 혼자서도 사업을 할 수 있다고 생각했던 것 같다.

마케팅은 자사의 제품이나 서비스가 경쟁사보다 소비자에게 우선적으로 선택될 수 있게 하기 위한 모든 활동을 말한다. 여기에서 가장 기본적으로 갖는 개념은 소비자의 니즈(Needs)와 원츠(Wants)이다. 그렇기 때문에 마케팅은 소비자의 니즈와 원츠를 파악하여 이를 충족시켜주기 위한 기업의 제반 활동을 다루고 있는 학문이라 할 수 있겠다.

따라서 마케팅은 돈이 있고 없고가 중요하지 않고, 기술만 있으면 할 수 있다. 그러다 보니 나에게 마케팅 기술을 배우다 보면 욕심이 생기는 것 같다. 독립해서 자기가 하면 더 많은 돈을 벌 수 있다고 어설프게 생각하는 거다.

하지만 프리랜서로 독립한 사람 중에 잘된 사람은 거의 없다.

마케팅 기술을 배우면 예를 들어, 네이버 상위노출 방법만 알면 된다고 생각한다. 상위노출이 되기 위해서는 메인에 노출 가능한 곳을 잘 선택해야 하고 또한, 그 업체를 잘 관리해야 하며, 지수관리도 매번 해줘야 한다. 이렇게 보이지 않는 부분이 훨씬 많고 중요하지만 그런 걸 모른 채 돈을 벌 수 있다고만 생각하고 섣불리 시작하는 직원이 많았다.

회사 운영이라는 것은 그렇게 간단하지 않다. 거래처와의 관계, 인력관리, 판로관리 등 모든 것이 하나의 톱니바퀴처럼 제대로 맞물려 돌아가야만 한다. 그래야 실수가 줄고 신뢰가 쌓이는 것이다. 어리석게도 단편적인 부분만 보고 바로 독립해서 시작하니 모두가 망하는 거다.

회사경영은 혼자의 힘으로는 어렵다. 물론 큰 욕심 없이 먹고살 만큼만 벌고 유지해도 괜찮다고 생각한다면 혼자로도 가능할 수 있다. 하지만 더 이상의 성장은 어렵다. 각자의 위치에서 역할과 노력이 필요하다는 뜻이다. 오랫동안 나와 함께 할 수 있는 누군가가 필요했다.

월급을 주면서 마케팅 교육을 해주었다는 것은 어떻게 보면 나는 직원에게 투자한 건데, 충분히 회수한 다음에 퇴사하면 문제가 없지만 다들 그전에 퇴사하니까 차라리 사업자로 키우면 어떨까 하는 생각이 들었다. 시험 삼아 한 분에게 마케팅 교육을 해주고 우리 제품의 마케팅을 맡겨보았다. 회사 대 회사로, WIN-WIN 관계로 전환하니 매출도 늘고 경영의 효율성도 좋아졌다. 그때부터 직원을 늘리는 것보다 동업자를 늘리는 방식을 선택했다.

마케팅 교육사업을 하면서 교육받은 사람 중에 열정이 있고 열심히 하는 사람한테 동업 제안을 했다. 온라인 시장도 한계가 있기 때문에 하나의 아이템만 팔면 '파이 나눠먹기'밖에 되질 않으니 아이템을 하나, 둘, 추가하면서 사업체를 늘리고 투자하기 시작했다. 사업 구상도 다 되어 있고, 돈도 투자해줄 테니 나 대신 운영을 맡아주는 사람을 찾았던 거다.

직원을 고용하는 것이 아니라 각자의 역할을 맡은 전문가가 맞물려 돌아가는 시스템.

이런 경영방식은 사람들에게 신박하게 다가갔던 것 같다. 각자 자신의 사업이 되고 투명하게 경영하니, 소득도 늘어나고 나도 시간적, 경제적 여유가 생겼다.

건방진 말이지만 이 시기의 내 생각은 돈 버는 게 너무나 쉬웠다. 돈이 바닥에 깔려있고 난 그걸 줍기만 하면 되는 것처럼 쉬워 보였다. 돈 버는 게 너무나 쉽다 보니 죄책감마저 들었다.

그런데 문제가 생겼다. 물론 나의 무지에서 생긴 문제였지만, 동업 제안을 하면서 계약서의 중요성을 잘 몰랐고, 계약서를 꼼꼼하게 쓰는 방법도 몰랐다. 그래서 형식적인 계약서만 썼다.

동업의 조건으로, 제품을 공유하고 기술을 전수하면서 수익의 30%를 가져가는 걸로 계약했다. 처음에는 동업 사업체를 여러 만들면서 잘된 곳도 꽤 있었다. 하지만 수익의 30%를 받은 적은 단 한 번도 없다.

내가 경제적으로 여유가 있으니까 수익 30%를 대수롭지 않게 생각했고, 동업자들은 내가 그렇게 행동하니까 수익이 나도 주질 않았던 거다. 시간이 지나면서 나에게 주어야 할 금액이 점점 쌓이게 되고, 나중에는 배 째라는 식으로 돼버렸다.

그때서야 계약서의 중요성을 깨달았다. 남을 배려한다고 했던 것이 고마움으로 돌아오는 것이 아니라 당연함으로 둔갑해 있었던 거였다.

지금은 계약서의 중요성을 알고 있고, 불필요한 호의도 베풀지 않으려 한다. 사람을 쉽게 믿었고 순진했으며 현실에서는 내 마음 같은 사람은 이 세상 어디에도 없다는 것을 알아버렸다. 일련의 배신을 통해 느낀 것이 많아졌다.

일이 손에 잡히지 않았다. 그래서 오랫동안 일을 하지 않았다. 아니 할 수가 없었다. 내가 가진 열정을 모두 소진해버린 심정이었으니까.

말로만 하는 약속은 의미가 없다는 것을 깨달으면서 시스템으로 돌아가는 회사를 만들어야겠다는 생각이 들었다. 어른이 되면서 여러 경험을 해왔지만, 가장 열심히 했고 가장 오래 투자한 것을 꼽으라면 당연히 사람들에게 마케팅하는 방법이나 사업하는 방법, 회사를 키우는 방법을 알려주는 거였다.

어찌 보면 많은 시간, 사업자 혹은 경영인을 키우는 일만 해왔다고 볼 수 있다. 이것을 바탕으로 나만의 노하우를 전해주고 시스템적으로 흘러가는 회사를 기획하게 되었다.

이제는 주먹구구식으로 해왔던 것을 내가 없어도 물 흐르듯이 체계화되어 성장하는 회사. 다시 심장이 뛰기 시작했다.

## 마지막에 웃는 자

"난 당신이 마지막에 웃는 자였으면 좋겠다."

어느 날, 베트남 모 회사에서 연락이 왔다. 베트남에서 우리 제품을 팔고 싶다는 오퍼였던 거다.

코트라에서 베트남 바이어를 매칭해 주었는데, 바이어 측에서 먼저 우리를 연결해달라는 요구를 했다고 들었다.

한국 제품을 수입해서 판매하는 사업을 하고 있는 기업으로서, 코트라에 한국 제품을 소싱하고 싶다고 의뢰를 했고, 코트라에서 한국 기업 리스트를 보여줬더니, 우리를 아는 기업이라고 하며 딱 찍었던 거였다.

결혼 이민으로 한국에 온 베트남 여자분이 우연한 기회에 우리 제품을 알게 되었고, 남편이 백혈병이었는데 제품을 먹고 좋아지는 것을 보고 일명 보따리장사로 조금씩 가져가서 팔았던 것 같다. 그러다 알게 된 거고.

누가 버린 영업용 냉장고를 가지고 와 전원공급장치와 히터를 연결해서 만든 발효기로 제조한 효소. 비록 시작은 엉성하고 뚜렷한 목표도 없었지만, 베트남과 미국에 수출하는 제품, 해외에서도 인정받는 제품이 되었다.

놀라운 일은 여기서 끝이 아니다. 내가 뭐라고, 중국 정부가 정부지원사업으로 투자하여 전 세계 대체의학 종사자를 초청한 '국제대체의학포럼' 행사에 한국 대표로 참석하게 되었던 거다. 한국 대표로는 함소아한의원 부대표와 한국에서 가장 큰 한약재 유통회사, 그리고 나, 이렇게 3곳만 초청된 행사였다.

한번은, 태국 왕실에서 주최하는 '농업포럼' 행사에도 한국 대표로 초청받았다. 태국 왕실에서 북쪽 외곽도시를 전문 농업도시로 개발하기 위해 토지와 인프라를 제공하고, 참여 기업은 인건비만 투자해 태국 농업시장을 발전시키는 왕실사업이었다. 내 생애, 태국 공주님을 바로 앞에서 보는 영광스런 경험도 하다니 꿈만 같았다.

2023년 6월, 윤석열 정부 들어 최대 규모인 205명의 경제사절단이 되어 '국빈 방문'으로 베트남에 가기도 했다. 대기업 총수뿐만 아니라 전국경제인연합회 멤버, 한국무역협회 멤버, 중소기업중앙회 멤버와 함께 내가 경제사절단으로 선정되고 베트남 국빈 방문이라니, 감격스럽고 또 감격스러웠다.

계원예술대학교 학생들에게 인턴으로 일할 기회를 제공하고 실무경험을 쌓을 수 있도록 한 것이 인정되어 산학협력 기업으로 초청도 받고 표창장도 받았다.

중국정부지원사업, 태국왕실 농업도시지원사업, 경제사절단으로 베트남 국빈 방문, 계원예술대학교 표창장 수상... 이 이야기는 나 잘난 하기 위해 적은 것이 아니다. 혹자는 이런 나의 행보를 보면서 일이 잘 풀리려면 애쓰지 않아도 어떻게든 잘 된다고 생각하는 자가 있기 때문에 적어본다. 이 정도의 경지까지 오를 수 있었던 것은 운때가 맞아서라고 쉽게 생각하는 이들이 있어서 말해본다.

당신은 정령 운이 좋아서 얻어진 결과라고 생각하는가.

세상엔 운도, 기회도, 준비되지 않는 자에겐 결코 오지 않는다. 찾아온다고 해도 운인지, 기회인지 모르고 지나칠 수도 있다. 찾아온 기회를 멍청하게 내 것으로 만들지 못하거나 자신도 모르게 지나쳐버린다면 너무나 아쉽지 않겠는가.

그러니 언제, 어디서든, 항상 준비하고 있어야 한다. 다시 말하면 운도, 기회도 자기가 만든다는 뜻이다. 인생을 살아감에 있어 이것을 절대로 잊어서는 안 된다. 그러니 누군가의 잘됨을 부러워할 수는 있어도 시기, 질투는 하지 말자. 누군가의 성장을 못 본 척할 수는 있어도 험담, 루머는 만들지 말자.

그 시간에 끊임없이 준비하고 노력해라. 그래야 운이란 놈도, 기회란 녀석도 당신에게 한 걸음씩 다가올 테니 말이다.

준비된 자만이 마지막에 웃을 수 있다는 걸 명심하자.

4장

# 자신의 능력을 만날 시간

## 1조 8천억 원을 어떻게 쓰시겠습니까?

"결과를 내본 경험을 해봐야 알 수 있다."

세계적인 부자, 워런 버핏의 총 재산은 180조 원(2024년 기준). 1조, 10조도 아닌 100조가 넘다니 실로 어마어마하다.

그의 나이 95세.

모 방송 프로그램에서 누군가 질문을 한다. 지금 당신과 그의 삶을 바꾸겠냐고 물었다.

당신의 대답은 무엇인가? 난 1초의 망설임도 없이 바로 "아니요."가 나온다. 아마 대부분의 사람들도 바꾸지 않는다고 말할 것이다. 왜 그럴까? 180조 원이 내 것이 되는데도 말이다.

맞다. 당신이 생각하는 그 이유 때문에 삶을 바꾸지 않는 것이다. 그러면서 교수는 이런 말도 덧붙였다.

"100세 시대라고 가정하면 1년은 1조 8천억 원의 가치입니다."

워런 버핏의 총 재산 180조 원을 가상 수명 100년으로 나누어보면 1년에 1조 8천억 원의 가치라는 관점에서 바라보니 이 또한 어마어마하다. 그렇다면 그렇게 커다란 가치를 당신은 어떻게 사용하고 있는가. 깊이 생각해 볼 필요가 있다.

매일매일 쉬지 않고 앞만 보며 달리라는 말이 아니다. 살다 보면 뭐든 하기 싫은 날도 있는 거니까. 사람인데 그런 감정

없이 어떻게 살아가겠는가. 그럴 때는 잠시 쉬어도 좋다. 우리는 같은 제품을 끊임없이 찍어내는 기계가 아니지 않은가.

다만 1조 8천억 원의 가치를 무의미하게 소비만 하지 않도록 해보자. 보이지 않고, 내 손에 쥐어지지 않는다고 커다란 가치를 매년 생각 속에, 푸념 속에, 후회 속에 사라지게 만들지 말자.

앞서 말했지만 나도 힘들었던 시절이 있었다. 평생 장애로 살 뻔했고, 사기를 당해 어마어마한 빚도 졌었다. 가족 모두와 함께 죽을 생각도 했었다. 변변한 소득 없이 겨우겨우 견뎌온 세월이 있었다. 그때는 정말 많이 힘들었는데, 버티고 준비하고, 노력하다 보니 지금의 자리까지 올라올 수 있었다.

버티고, 준비하고, 노력하면 뭐든 이루어진다는 것을 지금은 알고 있다. 깨닫게 되었다. 이젠 못한다는 생각을 안 하게 됐다는 거다. 나는 처음 접하는 것도 최정점에 있는 사람을 제외하고는 1, 2년 경력자를 몇 달 안에 충분히 따라잡을 수 있다는 확신이 있다.

나의 재능이 특출나서 뭐든지 잘할 수 있다는 것이 아니라 해내려고 하는 마음과 의지, 자신감을 믿는다는 뜻이다. 결국 세상에 믿을 건 부모, 자식도 아니고 나를 믿어야 한다.

어떤 것도 잘할 수 있다는 내 자신감의 근원은 포기하지 않는 마음에서 비롯된다고 말하고 싶다. 많은 사람들은 조금만 실행해 보다가 잘 안 되면 '나는 이거 못 해.'라는 어리석은 판단을 한다. 잠시 생각해보라. '나는 재능이 없어, 그래서 안 되는 거야.'라는 마음과 '나는 어떻게든 해낼 거야, 끝은 내가 정하는 거니까.'라는 마음은 누가 봐도 결과가 다르지 않겠는가. 그러니 자신을 믿어보기 바란다. 섣불리 자신의 능력을 비하하지 않았으면 한다.

자신감은 경험을 통해 얻을 수 있다고 생각한다. 그런데 우리는 열심히 해서 결과를 내본 경험이 없다. 그런 경험이 있는 사람은 이미 정점에 가 있을 것이고, 그냥 평범한 사람은 그런 경험이 부족하기 때문에 자신을 믿지 못해 노력을 안 한다는 뜻이다.

정말 죽을 힘을 다해서 노력하면 좋은 결과가 나온다는 것을 한 번이라도 경험을 해보면 노력한 만큼 보상이 나온다는 확신이 생기기 때문에 그렇게 할 수가 있는 것이다.

하지만 그런 경험 자체가 아예 없다면 머리로는 이해하지만 스스로 체감을 못 하니까 100% 최선을 다하지 않는다. 이것이 나와 다른 사람과의 차이라고 생각한다.

그 방법을 알려주고 싶다. 그 노하우를 공유하고 싶다. 함께 성장하고 싶다.

그리고 도와주고 싶다. 특히 열심히는 하는데 뭔가 잘 안 풀리고 방법을 몰라서 헤맬 때 도와주고 싶다.

나도 발효꽃송이버섯을 사업 아이템으로 정하고 아무런 준비 없이 무턱대고 시작했던 적이 있었기에 그 마음을 잘 안다. 마케팅과 판매 노하우를 몰라 갈팡질팡했던 적이 있었기에 그 허탈함을 잘 안다. 가장으로서 2년 동안 소득 없이 버텨온 시간이 있어서 그 힘듦을 누구보다 잘 안다.

그러니 함께 할 수 있는 거다.

## 투게더를 꿈꾸는 이광연

"같이의 가치는 무한합니다."

나도 사람인지라 돈을 더 벌고 싶기는 하다. 일을 놓는 순간까지 돈을 벌고 싶지만, 그렇다고 이건희, 정주영님처럼 대단하게 벌 수 있는 것도 아니지 않은가.

슈퍼카 타고 몇억 원짜리 명품 시계 차고 다닐 것도 아니기 때문에 여기서 돈을 더 번다해도 노포 가는 걸 좋아하며 삼겹살에 소주 먹는 걸 즐기는 내 삶이 바뀔 것 같진 않다.

그래서 이제는 즐겁게 일하고 싶다. 나와 신념이 비슷한 사람끼리 만나 재미있게 꿈을 이루고 싶다. 그런 이유로 앞으로의 방향과 계획구상은 이미 끝났고, 그것을 실현하기만 하면 된다.

과거에는 돈을 쫓는 이광연이었다면, 지금은 꿈을 향해 나아가는 이광연.

과거에는 독고다이 이광연이었다면, 지금은 투게더를 꿈꾸는 이광연.

이것이 나의 소망이면서 최종 목표다.

여가시간이 증가하고, 일과 삶의 균형을 중시하는 이른바 워라밸(Work and life balance) 풍조가 확산하면서 건강에 대한 관심이 증가하고 있다. 특별히 건강을 위해 운동을 시작하거나 건강한 먹거리를 위한 지출도 늘어났다.

워라밸을 위해 건강에 대한 관심이 늘어난 것도 사실이지만 스트레스, 만성피로, 불면증 등 과도한 경쟁사회에서 버티기 위한 몸부림으로, 과거보다 건강이 안 좋은 사람도 많아졌다.

스트레스가 건강에 제일 안 좋은 영향을 미친다. 스트레스를 받으면 우리 몸은 경직된다. 몸이 경직된다는 것은 혈액순환이 제대로 안 된다는 것이고, 몸에서 독소가 발생한다는 뜻이다. 물론 우리 몸은 스스로 치유하는 힘을 가지고 있지만 그 힘이 약해지면 병에 걸리는 것이다.

또한, 이산화탄소 배출과 미세먼지, 자동차 배기가스, 플라스틱 폐기물 등으로 인해 우리가 살고 있는 지구 환경이 너무나 나빠졌다는 것도 우리의 건강을 위협하고 있는 요소다.

하지만 우리 몸에 더 심각한 영향을 주는 것은 사방에서 공격해오는 전자파다. 눈에 보이지 않기 때문에 그 심각성을 모르고 있는 것이지, 24시간 무방비로 전자파의 공격을 받고 있고 우리 몸을 망가트리고 있다. 그래서 검사 결과는 큰 이상 없어도 알레르기, 두통, 만성 소화불량과 같이 다양한 증상을 호소하는 사람이 늘어나고 있는 것이다.

이런 증상들을 단순히 억제제인 약물로만 치료하려고 하는 것에는 한계가 있다. 결국 증상은 완치되지 않고 시간이 지나면서 복용해야 하는 약의 양이 늘어나며 부작용으로 인해 다른 병으로 진행되는 경우가 생기기 때문이다. 부작용이 없는 약은 없다. 그것을 기억하자.

기능의학은 바로 이러한 한계를 극복하려는 노력의 일환이며, 그중에서도 효소가 새롭게 주목받고 있는 거다. 효소는 우리 몸이 스스로 지키고 이겨내려는 본연의 힘을 높여주어 건강에 관여하는 보조제다.

우리 제품이 건강을 회복시키는 효과가 있다는 것을 공식적으로는 인정받을 순 없어도 치료되고 치유되는 과정(진짜 경험들)을 고객들이 온라인상에서 보여준다면 비공식적이지만 인정받을 수 있다고 생각한다.

이건 나 혼자서 할 수 있는 것은 아니다. 고객과 함께해야 가능한 거다. 그래야 리얼 경험이 쌓일 수 있는 것이고, 리얼 경험이어야 세상이 믿을 테니까.

예를 들어 암, 당뇨, 고혈압, 비염, 통풍, 천식, 관절염, 아토피 등으로 고생하는 누군가가 우리 제품을 먹으면서 병이 낫는 일련의 과정을 직접 촬영한다. 그것을 자신의 SNS에 올린다. 누가 보든, 보지 않든 상관없다. 그리고 한 사람이 아니라 수십 명, 수백 명, 수천 명이 그렇게 촬영한 리얼 경험이 온라인상에 올라가 있으면 내가 굳이 홍보하지 않아도 저절로 알려진다고 생각한다.

물론 건강이 회복되다가도 다시 악화될 수도 있고, 효과가 미미한 사람도 있을 수 있다. 이것 역시 우리 제품의 경험이니까 더 업그레이드 하기 위해 노력하면 된다.

진짜 제품으로 승부해야 하고, 고객이 만족해야 오래 갈 수 있다고 믿기 때문이다.

그때부터 고민하기 시작했다. 단순히 소비만 하는 것에서 '생각반란'을 일으켜 사업으로 전환하여 새로운 기회가 부여되는 전략적 접근방법. 10년 전부터 꿈꿔왔던 많은 사람들과 함께 성장하고 시스템으로 돌아가는 회사.

시기와 방법, 절차를 고민했을 뿐이지, 나는 10년 전부터 이 사업을 계획하고 준비하며 오늘이 오기만을 기다렸다. 이제 실행만 하면 된다.

직접판매방식.

해외에서는 다이렉트셀링 혹은 멀티레벨마케팅, 네트워크마케팅, 이처럼 명칭은 조금씩 다르게 부르지만 법적으로는 구분하지 않고 하나로 적용한다. 하지만 유일하게 한국에서만 다단계방식, 후원방문판매, 방문판매, 이렇게 법적으로 3개로 구분하고 적용한다.

그리고 한국에서만 유독 '직접판매방식 = 불법 다단계'라는 인식 때문에 불편한 것도 사실이다. 90년대 후반부터 우후죽순처럼 불법 조직이 생기면서 지나친 리쿠르팅, 무리한 구매 유도, 수익과장, 이런 방식이 신뢰를 깨트렸고, 사기의 상징이 되었던 것이다.

직접판매방식으로 유통되는 제품을 안 쓰고 있는 사람은 없다. 우리가 인식만 못 할 뿐이다. 보험도 직접판매방식으로 가입하는 거다. 보험설계사는 중개만 하는 것이지 우리는 설계사를 통해 보험회사와 계약하는 거다.

자동차 구입이나 핸드폰 개통 역시 직접판매방식이다. 대리점을 통해 계약을 하지만 직접판매방식, 말 그대로 회사와 직접 거래한다.

간접판매방식을 간단히 설명하자면 마트에서 우유를 산다고 했을 때, 마트 사장이 서울우유든, 남양우유든 우유 생산 기업에게 물건을 사와 진열해놓고 그 물건을 우리가 사는 것을 말한다. 다시 말하면 제품의 소유권을 유통자가 갖고 있으면 간접판매방식이다.

이처럼 소유가 누구한테 있느냐로 직접판매방식과 간접판매방식이 구분되는 것이다. 이제 이해가 되는가?

미국이나 해외에서는 60% 이상이 직접판매방식으로 유통되고, 한국은 50% 이상 차지하고 있다.

이처럼 대부분의 제품을 직접판매방식으로 구입하고 있지만 우리는 허가받지 않는 업체들 때문에 불법 다단계라고 선입견을 갖고 있는 거다.

그래서 직접판매방식(대부분 불법 다단계라고 생각한다)이라고 하면 안 좋은 시선으로 보는 것이 현실이다.

진짜 직접판매방식은 제품 중심이고, 고객의 경험과 재구매가 핵심이다. 누구든 자본 없이 시간을 자유롭게, 소비자에서 사업가로 성장할 수 있는 희소한 구조라는 것을 잘 모른다.

사실 이 판매방식이 나쁜 게 아니라 그것을 행하는 사람들이 자기 밑으로 사람을 끌어들이기 위해 이거 하면 무조건 돈 벌 수 있다고 강요, 강조해서 변질된 것이다.

직접판매방식 자체는 불법도 아니고 나쁜 것도 아닌데, 인간의 욕심이 그런 형태로 만들었던 거다.

불법 다단계가 문제인 것이지 합법 다단계와 후원방문판매,

그리고 방문판매방식에는 문제가 없다. 그러니 모든 직접판매 방식을 불법 다단계로 싸잡아서 안 좋게 생각하지 말아야 한다. 편견과 고정관념을 버렸으면 좋겠다.

설명이 너무 길었다. 한마디로 말하면 생활습관병으로 고생하는 사람이 우리 제품을 먹고 아픔과의 이별 과정을 직접 촬영해서 온라인에 업로드하고, 이처럼 생성된 새로운 콘텐츠가 사업의 기회로 연결되는 시스템.

사람 모집 중심의 구조가 아닌, 제품 중심의 판매 시스템을 만들기 위해 고민했던 것이다.

고객들이 이런 내 사업 철학에 동조하기 시작했다. 우리 제품을 먹고 암을 극복한 고객 중에 사업에 관심 있는 5명과 함께 직접판매회사 『메디프리』를 공동으로 설립하게 된다.

상품을 구입한 소비자가 판매원이 되어 다른 소비자에게 상품을 판매하고, 그 상품을 구입한 소비자도 판매원이 되는 과정을 연쇄적으로 거쳐 상품 판매와 유통망을 확대해나가는 방식.

『메디프리』는 직접판매방식 중에 후원방문판매방식을 선택했다.

살아오면서 편견 없는 시대,
편견 없는 사회가 있었는가.

편견은 타고나는 것이 아니라
살아가면서 습득되는 것이다.

# 나의 마지막 친구, 메디프리

"고객과 함께 큰 일 한 번 내겠습니다."

암을 극복한 고객 5명과 함께 직접판매회사 『메디프리』를 공동으로 설립하게 되면서 더 바빠지기 시작했다. 사업구상은 이미 끝난 상태였지만 시스템을 현실화하는 작업이 남아있었기 때문이다.

구상한 대로 시스템을 개발해줄 소프트웨어 개발업체도 여러 곳 만나 미팅하고, 조율해가면서 그림을 그려나갔다.

사람들이 쉽게 이해하고 일할 수 있도록 교육자료도 만들어 놓고 있다. 그들에게 비전이라고 하면 너무 거창하고, ❶ 우연한 계기로 '발효꽃송이버섯'을 먹고 효과를 봤던 고객이 스스로 판매자로 전환될 수 있는 시스템.

❷ 무리한 강제 구매 없이 자연스러운 재구매로 이어지면서 소득이 발생하는 시스템.

❸ 제품의 정보와 연구 결과를 투명하게 공개하며 신뢰를 얻어 오래오래 사랑받는 기업.

❹ 초기에 투자금이 없어도 누구나 부담 없이 자신만의 사업을 시작할 수 있는 시스템.

이런 내 계획을 하나씩 하나씩 체계화하고 구축해가고 있다.

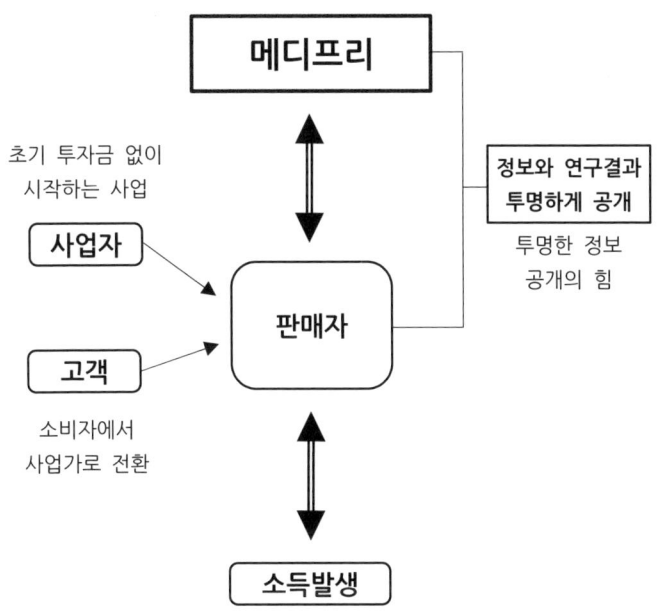

4장 자신의 능력을 만날 시간

우리 제품을 십 년 이상 먹으면서 지인에게 소개해 주시는 분들도 많다. 그분들은 금전적으로 이득이 없어도 제품이 좋아 자발적으로 해주시는 거다. 고맙고 감사한 마음에 뭔가 보답을 하고 싶었다. 그래서 재구매든, 지인 소개든 이익이 돌아갈 수 있게 만들어야겠다고 생각했다.

또한, 몸이 좋아지는 과정을 있는 그대로, 사실 그대로, 기록해서 온라인에 공개하면 그런 리얼 경험담을 보고 구매하는 사람이 생길 것이다. 그렇게 되면 자연스럽게 소득으로 연결되고, 이게 포인트다. 놀랍지 않은가.

소프트 개발업체를 통해 시스템이 개발 완료되면서 이제, 모든 세팅이 끝났다. 고객과 함께 성장하는 회사, 3천억 원 매출을 목표로 나아가기만 하면 된다.

먼저 국내부터 이 시스템을 정착시키고, 도약하는 것에 온 힘을 쏟으려 한다. 그 다음에는 해외로 눈을 돌려 세계시장으로 진출할 계획이다.

『메디프리』를 끝으로 현역에서 은퇴하게 되면 필리핀 시골마을 바닷가에서 여생을 보내고 싶다.

지금 소박하지만 작은 리조트를 짓고 있다. 이렇게 인생 계획을 세우고 하나하나 실천해 가고 있는 내가 고맙고 대견스럽다. 당신도 할 수 있다. 당신의 열정을 태우고, 열정에 맞는 보상받는 경험을 한 번이라도 해보면 내 말이 무슨 뜻인지 저절로 알게 될 것이다.

너무 조급해하지 않았으면 한다.

# 자신의 능력을 만날 시간

"비활성소득을 먼저 만들어 보시죠."

부자가 되는 것이 낙타가 바늘 구멍에 들어가는 것보다 어렵다는 말이 있다.

한국인이 생각하는 '부자'의 기준이 평균 33억 원인 것으로 한국갤럽 조사 결과(2025년 2월 25일~27일, 전국 만 18세 이상

1,000명을 대상으로 '몇억 원 정도의 재산을 보유해야 부자라고 할 수 있는지' 조사 결과)가 나왔고, 이는 약 5년 전보다 10억 원가량 상승한 금액이라고 한다.

물론 다른 조사 결과도 있다. KB경영연구소에서 발간한 '2024 한국 부자 보고서'에 따르면 '부자'의 기준이 총자산 100억 원 이상(전체 인구의 0.9%) 돼야 한다는 결과 발표도 있다.

33억 원이든, 100억 원이든, 95%의 평범한 사람이 '부자' 반열에 과연 오를 수는 있는 것일까? 가끔은 너무 높게만 보인다. 어떻게 해야만 '부자'라는 소리를 들을 수 있는 건지, 나도 20대엔 먼 나라 얘기로만 생각했었다.

'부자 아빠, 가난한 아빠' 책 내용에 의하면, 1단계, 투자용 종잣돈을 모으고, 2단계, 종잣돈의 재투자를 통해 자산을 확대하며, 3단계, 자신의 지출보다 많은 비활성소득을 창출하는 것으로 요약된다.

비활성소득이란 일을 하건 안 하건 발생되는 소득을 말하며, 임대소득이나 연금소득, 인세, 저작권료 등을 예로 들 수 있겠다. 상가에 투자해서 매월 천만 원씩 입금된다면 삶의 질은 엄청나게 달라질 것이다.

이처럼 매월 들어오는 비활성소득이 자신의 지출을 초과하는 수준부터 '부자'라고 말한다. 조금 안 좋게 표현하면 보통은 이런 수준이 되면 일하기 싫으면 하지 않아도 되니까 '경제적 자유'를 누릴 수 있다 하겠다.

그렇다면 여기서 이런 생각이 들 수 있다. '부자 아빠, 가난한 아빠' 책 내용처럼 1단계, 투자용 종잣돈을 모으기가 힘든데, 그럼 포기하라는 건가? 1단계조차 넘을 수 없으니, 비활성소득은 꿈도 꾸지 말라는 뜻인가?

이게 사실이라면 너무나 슬프다. 태어날 때부터 '은수저'라도 물고 태어나야 하는 세상이라면 인생이 너무나 슬프지 않겠는가.

여기서 나는 다르게 말해보고 싶다. 먼저, 비활성소득을 만든다. → 종잣돈을 모은다. → 재투자를 통해 자산을 확대한다.

**4장** 자신의 능력을 만날 시간

대부분의 사람들은 고정비용을 지출하고 나면 월 백만 원도 저축하기 힘들다. 그러니 어떻게 종잣돈을 모으겠는가. 자신의 원소득은 고정비용으로 쓰고, 자신이 생산한 콘텐츠를 통해 비활성소득으로 만들어 봤음 한다. 그렇게 실행해서 종잣돈이 모아지면 다른 곳에 투자하면 된다. 어떤가, 생각만 바꿔도 가능해 보이지 않은가.

무엇이든 생각을 바꾸고 마음먹기에 달렸다. 자신의 능력을 믿어보자. 다른 사람의 능력은 잘 캐치하면서 왜 당신의 능력은 제대로 바라보지도 않고 부정하려고 하는가.

자신을 무능한 사람이라고 생각하면
두렵고 절망만 있지만

자신의 능력을 믿으면
희망과 용기가 생긴다.

우리 모두에게는
각자의 능력이 존재하고 있다.

다만
그것을 인정하고 발견하려 하지 않는 것이
가장 큰 문제다.

당신을 절망 안에 가두는 것도.
당신을 무한 능력자로 바꾸는 것도
바로 자신임을 명심하자.

에필로그

생각
반란

자본주의는 오늘날 세계를 움직이는 대표적 작동방식이다.

시장경제를 기반으로 사회적으로나 개인 생활, 사고방식 역시 자본주의를 바탕으로 하고 있으며, 경제활동의 자유를 보장하여 시장에서 자신의 이익을 효율적으로 증가시킨다. 또한, 더 많은 생산과 소비를 가능하게 하기 때문에 다수의 국가가 자본주의를 채택하고 있는 것이다.

자본주의 사회는 자본이 있어야 대접을 받는다. 땅이든 건물이든 상품이든 노동력이든 생산을 위한 재화를 '자본'이라 하지만 뭐니 뭐니 해도 자본주의 사회는 돈이 중요하다.

과거에는 혈통(예를 들어 양반가문)이 그 사람의 가치를 증명했다면 현재는 개인의 가치를 돈이 증명하는 시대니까.

돈이 없으면 생활도 불편해지지만 어디서도 대접받지 못한다는 것은 당신도 잘 알고 있을 것이다.

당신이 지금 젊다면 돈이 없어 대접받지 못한다 해도 오히려 이를 계기로 더 열심히 자본을 축적해야겠다고 생각전환을 할 수 있다.

하지만 나이 들어 대접받지 못하는 신세라면 만회할 시간과 체력이 상대적으로 적기 때문에 인생이 안타까워질 수 있다. 기회를 잡기 위해 더 많은 시간과 노력이 필요하다는 뜻이다. 그러니 하루라도 빨리 시대의 흐름을 파악하고 자신만의 방식대로 준비해야 한다고 강조하고 싶다.

**"오직 한없이 가지고 싶은 것은 높은 문화의 힘이다."**

백범일지에 쓰인 김구 선생님의 바람은 부강한 나라가 아닌, 우리 자신을 행복하게 하고 남에게 행복을 줄 수 있는 높은 문화의 힘이었다. 10년 전만 해도 한국은 자동차와 반도체와 같은 제품을 주로 수출해왔다면 이제는 김구 선생님의 바람처럼 K-콘텐츠라는 이름으로 한류 콘텐츠가 세계로 퍼져가고 있는 시대.

K-콘텐츠 소비 시대가 열리면서 세계인들은 우리가 먹고 바르고 입고 생활하는 모습, 문화에 쏠리고 있으며, 콘텐츠 생산자 즉, 코리아 메이커스의 활약에 주목하고 있다.

내 일상이, 내 아이디어가, 내 모습이 콘텐츠가 되고 가치가 되며 돈이 되는 시대, 다시 말하면 콘텐츠가 자본이 되고 주식이 되며, 기업이 된다는 뜻이다.

우리 제품을 통해 몸이 건강해지는 과정을 사실 그대로, 기록하고 업로드하여 세상과 소통하는 것도 하나의 콘텐츠이며, 그걸로 인해 새로운 기회를 창출하는 것, '생각반란'이 결국 자본가를 넘어설 수 있다고 생각한다.

이 책 제목이 '생각반란'인 것이 이런 이유다.

'생각반란'을 통해 모든 것에 전략적으로 접근을 하자. 준비가 되어 있지 않아서 안 된다, 돈이 없어서 힘들다, 나이가 많아서 할 수 없다, 이런 것들로 놓쳤던 기회를 합리화하지 말자는 거다.

준비가 되어 있지 않기 때문에 함께 체계적으로 준비하고, 나이가 많아서 할 수 없다가 아니라, 연륜이 있으니까 깊이 접근할 수 있다고 말하고 싶다.

'생각반란'을 통해 돈을 벌어보자는 걸로 들릴 수 있지만 궁극적으로 내가 하고 싶은 말은 자신이 가지고 있는 달란트를 썩히지 말고 한 번이라도 좋으니 노력한 만큼의 결과를 내어 성취감을 맛보란 거다.

성취감을 맛보는 순간, 후회 안에서 헤매고 있는 당신의 모습이 아닌, 나약했던 어제의 자신을 이긴 승자의 모습을 만날 수 있을 테니.

두려움 없이, 거침없이, 지금부터 '생각반란'을 실행해 보기를 진심으로 바란다.

'생각반란'이 결국 당신의 재능을 발견할 중요한 열쇠가 될 것이다.

기다리겠다.

### 생각반란

초판 1쇄 발행　　2025년 5월 26일

**지은이**　이광연
**펴낸이**　박소영
**펴낸곳**　샵북
**디자인**　영원한
**인쇄**　　불꽃피앤피

**출판등록** 2021년 2월 2일 제25100-2021-000009호
**주소** 서울시 중구 마른내로 10길 12, 삼진빌딩 3층
**홈페이지** www.samzine.co.kr
**이메일** master@samzine.co.kr
**전화번호** 02)6277-6825

ⓒ샵북, 2025
ISBN 979-11-94421-12-2

\* 잘못된 책은 구입한 곳에서 교환해드립니다.
\* 가격은 뒷표지에 있습니다.